티벳요가 쿰니

하

몸과 마음을 치유하는

티벳요가 쿰니

타르탕 툴구 린포체 지음 | 박지명 옮김

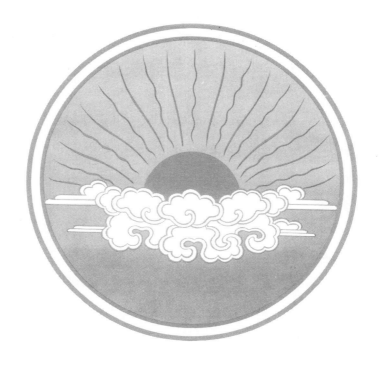

내면의 황금빛 에너지와 위대한 정신의 빛이
몸을 통해 아름답게 표출된다

티벳요가 쿰니(Kum Nye)는 티벳의 가장 크고 오래된 불교의 문파인 닝마(Nyingma)파가 몸과 마음을 발전시키는 비전의 방법을 린포체(Rinpoche), 즉 환생자인 타르탕 툴구(Tarthang Tulku)에 의해 세상에 공개된 것이다.

티벳은 옛부터 비밀스럽고 신비로운 지역이라고 알려져 있다. 그 이유는 세계에서 가장 문화가 번창한 두 나라인 중국과 인도의 정신적 문화를 계승하였으며 또한 불교를 티벳만의 독특한 방식으로 하층에서부터 높은 수준까지 가장 아름답게 대중화시킨 나라이다.

지금까지도 그 명맥은 세계적으로 전달되고 있으며 비록 현재는 중국에 예속되었지만 그들의 삶은 세계적인 시야로 뻗어나가기 시작하였다.

달라이라마를 위시하여 많은 고승 및 린포체들이 미국과 구미 선진국에서 활동하고 있지만 타르탕 툴구의 단순하고 깊이 있는 가르침의 전파는 훨씬 탁월하다.

그가 가르치려는 사상이나 철학 그리고 명상법은 종교나 종파 또는 어떠한 인종을 떠나 쉽고 단순하게 대중으로 접근하려는 것이 매력적이다. 어려운 삶의 철학을 그의 깊이 있는 가르침의 배경으로 단순하게 만드는 것이다.

쿰니는 마치 요가와 기공의 핵심을 표현한 독특한 이완법으로 볼 수 있는데 그것은 거대한 두 나라의 가르침을 가장 최대한으로 발전시킨 것과 같다. 그는 이 책에서 이완과 마사지, 그리고 닝마파에서 내려오는 여러 가지의 독특한 자세들을 현대화시켜 쉽게 가르치려고 하고 있다.

그의 단순하면서도 어렵지 않은 동작들을 책을 통해서 단계적으로 반복해서 따라나가다 보면 어느 순간에 자신의 몸과 마음이 단계적으로 발전되어감을 알게 될 것이다.

티벳요가 쿰니는 상, 하권으로 나뉘어져 있다. 점차적으로 단계별 고급과정을 소개하고 있다. 이 쿰니를 통하여 많은 이들이 그들의 몸과 마음이 건강해지고 매순간 즐거움이 가득하길 바란다.

2002년 해가 저물어 갈 시간에
박지명

 글을 열면서

두 권의 책〈티벳요가 쿰니〉는 버클리에 있는 닝마(Nyingma) 연구소에서 개발된 프로그램이다. 쿰니는 호흡법과 자가 마사지 그 외에 닝마 연구소에서 개발한 운동법으로 몸과 마음과 감각을 활성화시키는 전체적인 시스템이다.

마사지와 동작의 실기를 합쳐 상·하권 두 권의 책으로 만들었으며 이완법의 특수한 기법들을 일상 생활에서 사용하게끔 한다.

쿰니는 난해하거나 소수에게 내려오는 비전(秘傳)된 실행법이 아니다. 우리의 내면의 감각과 느낌을 열어 만족과 완성을 가져다 주는 단순한 수행법이다. 쿰니를 행하므로써 느낌이 확장되면 모든 개발된 경험의 통합성을 이해하고 우리의 일상 생활은 활기있고 균형있는 삶으로 바뀌게 된다.

두 권의 책에 수록된 동작의 실기를 통해 진정한 쿰니 이완법을

타르탕 툴구 (Tarthang Tulku)

이해하게 되며 몸과 밀접하게 연관되어 있는 가장 효과적인 방법들이다. 〈상권〉(이론, 준비과정, 마사지)에서는 호흡과 이완 마사지를 실행하고 실천요강의 정리 동작들을 실천했을 것이다.

이 책에 수록된 모든 동작을 실행하지 않아도 단 몇 가지 동작만으로도 아주 좋은 결실을 이룰 수가 있다.

쿰니 이완법은 몸과 마음의 균형과 통합을 이루게 해줄 뿐만 아니라 각 장마다 나누어진 단계별 코스는 전통적인 가르침의 교재로 사용되기도 한다. 이 두 권의 책은 쿰니를 소개하는 기본적인 책이다.

쿰니는 호흡법과 마음의 영상화, 치료적인 실기법을 전달하도록 보다 특수한 체계를 가지고 있으며 닝마 연구소에서 쿰니에 관심이 있는 이들에게 전문적으로 쿰니의 프로그램을 가르치고 있다.

쿰니는 자연스럽게 명상으로 이끌어준다. 명상에 관심이 있는 독자라면 이 책의 유동성을 더욱 발견할 것이다. 그러나 쿰니는 영적인 개발을 하기 위한 특수한 방법은 아니며 명상을 탐구하고 흥미있어 하는 이들에게 독특한 기초를 제공해준다.

쿰니를 통하여 많은 이들이 몸과 마음이 건강해지고 균형을 이룬 조화로운 삶이 되기를 바란다. 마지막으로 이 책이 나오기까지 인내심을 갖고 기다려준 독자들에게 감사 드린다.

타르탕 툴구

 차 례

제2장 자극과 변환 에너지 · 113

1

균형과 통합

균형과 통합
Balancing and Integrating

" 균형은 느낌과 에너지 흐름의
자연스러운 상태이며 몸과 마음 전체로 퍼져나간다"

우리는 일반적으로 균형을 이루었다고 하면 그것은 우리 몸의 평안이나 안정을 말한다. 그러나 이러한 균형에 대한 이해는 한계가 있다. 우리의 몸은 실기(쿰니 이완법)에 의해 확장될 수가 있으며 그러한 동작은 몸과 마음과 호흡, 그리고 감각과 자각에 대한 균형을 가져다 준다.

우리의 몸 전체는 균형을 이루고 그 균형은 느낌이 자연스럽게 흐르는 상태이다. 결국 에너지는 몸과 마음 전체에 퍼지게 된다. 이러한 균형은 쿰니의 실재 상태인 것이다.

균형의 기초와 몸과 마음의 통합은 이완이다. 가끔 우리는 꿈을 꾸는 듯한 이완을 경험하게 된다. 마치 시간을 벗어난 상태와 같지만 진정한 이완은 균형이다.

우리가 이완되어 있으면 새로운 감각의 영역이나 차원을 열어 젖히고 몸과 마음을 느낌으로서 팽창시킨다.

우리는 에너지를 재생하고 축적하는 것을 배우게 되며 몸과 마음은 모두 활짝 열리게 된다. 그리고 생각과 감각은 순조롭게 진행된다. 이것은 마음 상태가 맑고 활기차며 몸은 활성화되어 에너지가 가득하기 때문이다.

우리가 진정으로 이완되어 있을 때 그것은 더 이상 나를 넘어선 '자신'이 없는 경험이며 우리는 '경험' 그 자체가 된다. 우리는 더 이상 우리 자신의 감각이나 몸이나 마음이 아니며 전체적인 경험을 체험하는 것이다.

가끔 우리의 몸과 마음은 서로 연결되지 않는다. 그래서 정확한 통합적인 하나로서 풍요로울 수가 없다. 또한 우리의 원기와 집중과 자각을 유지할 수가 없다. 그러므로 우리의 기능은 비효과적이며 정신과 육체에 부조화를 가져다 준다.

심리적인 문제나 질병(스트레스로 인한 질병을 모두 포함)은 우리의 몸과 마음과 감각에 부조화의 에너지와 연결되어 있다.

그러므로 우리의 감각은 혼란되고 에너지는 흐트러지고 확고해지므로 활기가 부족한 자각은 마치 쓰지 않는 집과 같이 몸과 마음의 지각능력이 감소된다. 이러한 강한 부정적인 정서는 모든 상황을 나쁘게 만들어 버린다.

육체와 정신 에너지의 조화와 통합은 우리를 이러한 부정적인 측면으로부터 자유롭게 한다. 우리의 경험의 흐름이 일어나게 하며 우리 자신을 풍요롭고 안정되게 해준다.

우리의 지각은 변화가 일어나고 새로운 방법을 이해하는 것을 배우게 될 것이다. 우리는 결국 좋지도 나쁘지도 않은 경험으로써의 체험을 하게되며 정서적인 변화는 좌우되지 않는다.

우리는 통제하려 하거나 경험을 고착시키려 하지 않으며 성장을 위한 기회에 우리의 삶의 각 상황을 열어 젖히고 지식의 기초를 소유하게 된다.

우리는 모든 경험의 전체적인 본성과 활력을 열어 젖혀주어 삶의 모든 양상의 은총과 귀중함을 볼 수 있게 해준다.

우리의 내면적인 평화는 우리에게 존재의 조화를 보여주고 우리의 삶을 밝게 해준다. 우리는 모든 사람의 상황과 감각과 느낌을 인지한다. 비록 부정적이라 하여도…

우리와 세계와의 관계가 더욱 완전하게 진행될 때 우리의 능력은 더욱 증진되고 우리의 행복과 복지에 대해서 외부에 덜 의존하게 되는 것이다.

우리는 우리의 한계된 개인적인 통상적 감각의 시간과 공간을 넘어서 팽창하기 시작한다. 즉 우리의 감각이나 느낌, 생각과 자각 등으로 결국 우리는 지식의 무한한 영역을 발견하여 그 자체로 팽창되어 우리의 내적 근원의 가치와 부(富), 아름다움을 이해할 수 있는 방법을 제공 해준다.

제 1장의 실기는 세 단계로 나뉘어진다. 각 단계마다 진보적으로 진행된다. 각 단계들은 체계적으로 실행할 수 있다. 하지만 억지로 발전되어감을 느끼려고 애쓰지 않는다.

각 실기들은 연속적인 단계로써 완전하고 적합하다. 첫 번째 단계를 하기 이전에 두 번째 단계와 세 번째 단계의 실천을 몇 가지 실시할 수도 있다.

모든 실기의 연결 동작들은 자유롭게 실천할 수가 있다. 당신의 몸을 이러한 실기로 이끌어 가장 활성화된 느낌으로 자극시키고 실기 동작의 다양한 연속동작과 조화가 충분히 이루어지므로 당신의 실천은 통합적이고 균형을 이루게 된다.

쿰니는 하루에 45분씩 동작을 실천하면 적당하다. 만일 그러한 시간이 없다면 20~30분 정도만이라도 실시한다. 앞으로 매일 2~3가지 동작을 실시하므로써 당신에게 분명히 좋은 결과를 가져다 줄 것이다.

매일 2~3가지 동작들을 실시하고 각 동작마다 3회씩 또는 그 이상을 반복하여 행한다. 또한 조금 늘려 3~4가지 동작을 선택하여 실시한다면 당신의 느낌이 깊어지고 있다는 것을 자신있게 느끼게 된다.

이러한 쿰니의 동작은 2~3주 정도 걸리며 보통 6~8주 정도 지나면 점차적으로 10가지 정도의 동작으로 늘어 나게된다.

동작은 앉아서 하는 것과 서서하는 것이 있으며 호흡과 마사지를 계속해서 함께 병행해 나간다.

어떠한 실기의 연속 동작을 선택하든지 급히 서둘러 행하지는 않는다. 적용 범위나 속도는 그리 중요하지가 않다. 기억할 것은 이 동작들은 일반적인 일상사의 동작들과는 다르다는 것이다.

쿰니는 단순히 육체적인 기능만을 증진시키도록 짜여져 있지는 않다. 동작을 정확하게 행하므로서 감각이 깨어나고 느낌이 자극되어 몸과 마음과 감각의 전체 기능을 증진시켜 준다.

각 동작은 특수한 에너지나 느낌의 영역으로 이끌어 주는 상징들이며 동작을 실천하므로써 우리가 할 수 있는 충분한 느낌의 특성을 개발시킬 수가 있다. 그리고 자신의 경험을 느낀다.

만약 자신의 느낌이나 감각이 실천적인 면이 될 때 동작의 표현은 느낌 자체가 될 수 있다. 그리고 호흡과 자각을 각 느낌으로 옮겨 몸과 마음에 특수한 부드러움이 스며들도록 한다.

자신의 느낌이 팽창될수록 이완의 다른 여러 단계들과 친숙해진다. 각 실기들을 행하면서 자신이 실천하는 것을 지켜볼 수가 있으며 감각과 자기 자신의 감정을 구분할 수 있게 된다.

계속되는 이완과 빛의 집중과 함께 움직임을 탐구할 수가 있으며 동시에 호흡을 고르게 하고 동작에 의한 감각의 자극을 팽창시킨다. 더 나아가 경험을 더욱 풍부하게 하고 고유의 특성에 가깝게 접근하여 실천행위 그 자체의 느낌으로 실기를 시작하게 한다.

동작의 각 반복은 움직임에 의하여 더욱 느낌이 풍부하게 탐구할 수 있는 기회를 갖게 되며 몸과 마음과 감각 전부에 기회를 부여한다. 마음과 육체의 에너지가 서로 접촉하고 통합되며 결국 '자기'라는 감각이 없으며 오직 자각의 영속적인 팽창만 남게된다.

우리는 어느 정도 실기를 통하여 금방 효과를 보게되는 것을 발견할 것이다. 또한 어떤 사람은 점차적으로 효과를 볼 수도 있고 어떤 사람에게는 전혀 효과를 주지 못하는 경우도 있을 것이다.

만약 실기가 느낌이나 에너지를 생산하지 못할 때는 긴장을 자아내고 감각의 흐름을 막고 있는 것이다. 또한 우리 자신이 상당히 경직되어 어떠한 자세에도 에너지의 흐름이 소통하지 못하기 때문이다.

이럴 때는 자세 안에서 움직임을 적게 하도록 하며 긴장을 이완시키고 에너지의 다른 특성들을 풀어헤쳐 줄 것이다. 만약 실기가 계속되면 효과는 감소되며 얼마 동안 계속 유지될 것이다. 얼마 후 당신은 다시 실천으로 돌아와서 효과를 발견하게 될 것이다.

각 실기의 앉은 자세에서의 감각적인 행법은 우리의 느낌을 계속해서 탐구해 나가는 것이다. 〈상권〉에서 설명했던 앉은 자세는 일곱가지가 있는데 우리 몸을 통하여 느낌이 흐르고 흐르는 느낌 속에서 앉아 있거나 움직이거나 명상적인 자각을 개발시킨다.

실천이 모두 끝나면 쿰니의 다음 행위가 시작되고 느낌은 팽창되어 음식을 먹을 때나 걷거나 사물을 볼 때도 계속되어 삶 전체가 팽창감의 일부가 되어 명상의 확장이 진행된다.

균형과 호흡

1 단계

이 실기를 시작함에 있어서 옷은 편안하고 느슨하게 입는 것을 명심한다. 꽉 조이는 옷은 동작을 행하는데 제한을 주며 동작의 느낌을 방해한다.

구두를 벗고 시계와 보석, 안경, 콘택트 렌즈도 착용하지 않는다. 만약 시작하기 전에 음식을 먹는다면 가볍게 먹도록 하며 먹었다면 한시간 정도의 시간을 갖는다.

실기들은 앉아서 하는 동작과 서서 하는 동작이 있다. 앉아서 하는 동작은 엉덩이나 다리를 높이기 위해서 방석이나 담요 같은 것이 필요하다. 그리고 여러 방식으로 앉다보면 가장 편안하게 움직일 수 있는 자세를 발견할 것이다. 만약 가부좌 자세가 불편하다면 다리를 마루에 쭉 뻗고 앉아도 상관없다.

〈1단계〉에서의 대부분의 동작은 몸의 상부 즉 어깨, 목, 손, 팔, 등, 가슴의 긴장을 제거시킨다.

이번 단계에서의 실기는 에너지(氣)를 통한 치료를 하는데 가치가 있으며 이로써 더욱 깊은 수준으로 발전 할 수가 있다. 당신은 이미 이 책 〈상권〉에서 몇 개의 진보된 동작과 마사지를 통하여 많은 효과를 보았을 것이다.

동작은 가능한 규칙적으로 행한다. 만약 하루를 놓치게 되더라도 놓친 것에 신경 쓰지 말고 계속해서 진행하는 것이 중요하다. 만일 바빠서 시간이 없다면 휴식시간을 이용하여 5~10분 정도 실기를 행하도록 한다.

우리는 실기 도중에 느낌이 와 닿지 않을 때도 있을 것이다. 이것은 몸과 마음이 극도로 흥분되고 긴장되어 서로 연결시키지 못하고 있기 때문이다. 마음은 생각과 상상에 가득 차 있어 느낌을 분명하게 감지할 수가 없게 된다.

느낌을 일깨우고 거칠어진 호흡을 부드러운 방법으로 고르게 한다. 마음이 불안정한 상태는 거의 대부분 육체적으로 불균형하기 때문이다.

만약 마음 상태가 불안정하면 실기를 시작하기 전에 잠시동안 호흡에 집중한다. 그러면 호흡은 가볍고 부드러워진다. 동작을 천천히 행하면서 더욱 이완되고 고요함을 느낄 것이다.

이완이 깊어질수록 움직이는 특성의 흐름은 고양되고 느낌은 부드럽게 흐르게 되는데 마치 마술을 부리는 것처럼 달콤하다.

이 느낌은 규칙적인 동작의 실천을 통하여 이완되고 팽창되어 감각의 흐름은 나날이 우리의 삶을 더욱 깊게 관통하여 지나가게 한다.

마음을 느긋하게 한다

만일 임산부나 목을 다친 경우라면 이 실기는 적합하지 않다.

방석이나 담요 위에 가부좌로 앉아 허리는 바로 세운다. 천천히
두 팔을 똑바로 위로 올린 다음 오른팔은 그대로 두고 왼팔을 천천

히 어깨높이 만큼 수평으로 내려 손바닥을 아래로 한다.

　눈을 감고 코와 입으로 부드럽게 호흡한 다음 아주 부드럽게 머리를 시계방향으로 돌린다. 머리를 완전하게 한바퀴 돌리면서 오른팔을 위에서 뒤로 그리고 아래에서 앞의 순서대로 돌린다.(위-뒤-아래-앞) 이러한 동작을 똑같이 두 번을 행하며 팔의 회전을 가능한 부드럽고 크게 한다.

　이러한 동작이 처음에는 서투르거나 어려울 것이다. 그 이유는 머리와 팔에는 이러한 움직임이 습관화되어있지 않기 때문이다. 마음상태는 움직임의 친밀한 흐름으로 이루어져 있으나 그에 따른 의지적인 변화를 느끼지 못한다. 움직임을 실천할 때 내키지 않는 느낌을 자연스러운 느낌과 에너지로 전환할 수가 있다.

　배를 이완시키고 호흡을 고르게 한다. 이러한 고른 호흡을 팔의 움직임과 함께 부드럽고 크게 행한다. 머리와 오른 팔을 천천히 세 번씩 교대로 회전시킨다.(한번은 머리를 그 다음은 팔을 회전한다)

　이제 팔의 방향을 바꾸어 왼팔을 위로 향하고 오른팔은 어깨높이 만큼 수평으로 내려 똑같이 세 번을 반복한다. 단, 머리는 시계 반대방향으로 돌린다. 이때, 한쪽 팔을 어깨높이 만큼 올려 고정시키고 있어야 한다. 팔을 고정된 상태로 유지하는 이유는 몸의 중심과 목과 팔을 회전하는 것을 더욱 쉽게 만들어 주기 때문이다.

　목과 팔의 회전을 통하여 감각을 더욱 깊게 하며 몸과 호흡과 마음을 하나로 일치시킨다. 우리는 뒷목과 팔이 부드러워지고 따뜻해짐을 느낄 것이다. 그 따뜻함이 척추와 몸 전체로 퍼져나간다.

두 팔의 회전이 모두 끝나면 양손은 천천히 무릎으로 가져가고 몇 분 동안 휴식을 한 다음 계속해서 몸 주위에 느낌을 내면으로 확장시켜 나간다. 그 다음 계속해서 반대방향인 왼쪽 팔과 머리를 돌린다. 그리고 몇 분 동안 휴식을 한 다음 팔과 머리의 방향을 바꾸어 다시 반복한다. 호흡을 고르고 부드럽게 다시 시작한다.

동작을 완전하게 하기 위하여 지금까지의 전체 과정을 다시 반복한다.

천천히 두 팔을 똑바로 위로 올린 다음 오른팔은 그대로 두고 왼팔을 천천히 어깨높이 만큼 수평으로 내려 손바닥을 아래로 한다.

그러나 지금부터는 머리와 팔은 서로 반대 방향으로 움직인다. 머리가 시계 방향으로 움직일 때 팔은 앞에서 밑으로 그리고 뒤에서 위로 움직이게 된다.(앞-아래-뒤-위) 이러한 동작은 세 번을 행한다.

팔의 동작을 마치고 나면 양손을 무릎 위에 얹고 잠시 휴식한다. 호흡은 계속해서 부드럽고 고르게 하여 감각이 일치되도록 하는 것을 기억한다.

이제 팔의 방향을 바꾸어 왼팔을 위로 향하고 오른팔은 어깨높이 만큼 수평으로 내려 똑같이 세 번을 반복한다. 단, 머리는 시계 반대방향으로 돌린다. 동작의 마무리는 5~10분 정도 편안히 앉아 느낌과 감각을 팽창시키고 확대해 나간다.

감각 깨우기

만약 임신을 했거나 목을 다쳤다면 이 동작은 권하지 않는다.

가부좌로 매트나 방석 위에 허리를 바로 세우고 앉아 손바닥은 뒤로 향하게 한다. 손바닥이 바닥에 닿지 않는 상태로 골반을 약간 들어준다.

눈을 부드럽게 감고 아주 천천히 오른쪽 어깨를 위로 치켜올리고 뒤로, 아래로 그리고 앞으로 돌린다. 오른손도 함께 원을 그리며 돌린다. 이때 머리도 시계 방향으로 완전히 회전하면서 돌린다. 머리와 손의 움직임이 서로 연결되어 가능한 충분히 회전시킨다.

움직이는 동안 호흡은 부드럽게 코와 입을 통하여 내쉬며 목 뒤를 가볍게 집중한다. 회전하는 속도와 방향을 똑같이 하여 세 번을 돌린다.

이제 위의 동작을 어깨와 머리 방향을 바꾸어 계속해서 세 번 이상을 돌린다. 동작이 끝난 후 손을 무릎 위에 놓고 잠시동안 휴식한다. 천천히 회전함으로써 감각을 일깨우며 척추에도 그 느낌이 내려가도록 하여 몸 전체로 확산시킨다.

완전한 동작을 하기 위해서는 회전을 다시 반복한다. 그러나 지금부터는 어깨와 머리는 각기 반대 방향으로 돌린다. 즉 어깨를 위로, 뒤로, 아래로 그리고 앞으로 돌릴 때 머리는 시계 반대 방향으로 돌린다. 오른쪽 어깨와 머리에 행한 다음 손을 무릎 위에 얹고 잠시 쉰 다음 왼쪽 어깨와 머리에 똑같이 반복한다.

움직임의 특성을 개발하기 위해서 높은 부위와 낮은 부위를 특별하게 집중한다.(머리는 움직임의 가장 높은 부위이며 어깨는 가장 낮은 부위이다) 머리와 어깨는 위치 상 가장 가까우면서도 상호적으로는 가장 먼 거리이다.

회전에 의해 느낌이 스며들어 느낌의 특성을 최대한 경험하도록
한다. 지금 5~10분 정도 조용히 앉아 몸 전체에 감각을 확산시킨
다.

이 동작은 뒷목과 어깨의 윗부분과 아랫부분의 긴장을 제거시킨
다.

만약 임산부나 목을 다쳤다면 이 실기는 하지 않는 것이 좋다.

방석이나 담요 위에 가부좌로 앉고 허리는 바로 세우고 손은 무릎 위에 얹는다. 팔꿈치를 구부려 가슴높이로 올리고 손바닥은 아래로 하여 손을 이완한다. 그 위치에서 그대로 손바닥을 앞을 보게 한 후 손가락을 위로 향해 쭉 편다. 두 손의 거리를 약간 떨어뜨린 다. 그리고 왼손은 세시 방향을 가리키고 오른손은 아홉시 방향을 가리킨다. 마치 시계바늘이 나란히 돌아가는 듯한 자세를 취한다.

양손을 동시에 아주 천천히 시계방향으로 움직이는데 왼손은 세 시 방향에서 여섯시 방향으로 움직이고 오른손을 아홉시 방향에서 열두시 방향으로 움직인다. 가능한 두 손의 원이 겹쳐지지 않도록 한다.

부드러운 리듬으로 움직이며 눈을 감은 상태에서 머리도 아주 천 천히 시계 방향으로 돌린다. 세 가지의 움직임이 동시에 아주 조화 롭게 유대관계를 갖게된다.

배를 이완하며 코와 입으로 아주 부드럽고 편안하게 호흡한다. 2 분 정도 계속 회전한 다음 더 이상 팔이 움직이지 않을 때까지 움 직임을 천천히 줄여나간다. 다시 손을 무릎에 얹는다. 손이 무릎까 지 가는데는 2분 정도 걸리며 이러한 원 그리기 움직임에 의해서 감각은 팽창된다.

이제 5분 동안 조용히 앉아서 계속해서 몸 주위에 감각을 팽창해 나간다. 몸과 마음의 균형은 세 가지 다른 움직임으로 동시에 유대 관계를 맺는다. 감각은 균형을 이루며 기분은 그 균형 안에서 꽃을 피운다.

동작 4 감각 즐기기

일어서서 발을 약간 벌리고 허리는 바로 세운 다음 팔을 아래로 향하게 하여 이완시킨다. 호흡은 코와 입을 통하여 부드럽고 고르게 하며 배는 이완시킨다.

어깨를 느슨하게 원하는 만큼 엇갈려 잡은 다음 목 뒤를 이완시키고 가볍게 집중한다.(이때, 오른손으로 왼쪽 어깨를 잡고 왼손으로는 오른쪽 어깨를 잡는다) 그리고 허리와 하체를 편안하게 안정시킨다.

이러한 자세로 3분 정도 꽉 잡고 있는다. 그런 다음 5분 정도 편안히 앉아서 동작에 의한 감각을 팽창시키고 몸 전체를 확장시킨다.

깊게 느낌을 가지며 목 뒤에서부터 척추를 따라서 뜨거운 감각을 느끼며 가슴과 팔로 퍼져나가게 한다. 느낌의 흐름을 목에서 머리까지 자유롭게 느낀다.

공간을 헤엄친다

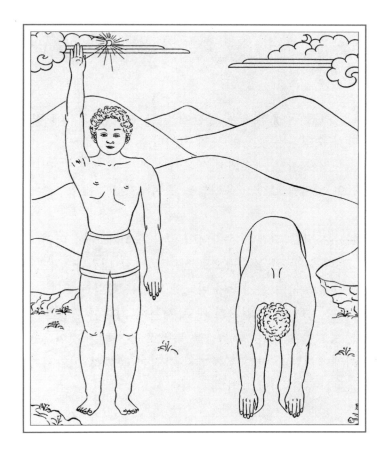

　발을 편안한 거리로 벌리고 서서 등을 곧게 하고 팔을 아래로 이
완시킨다. 손바닥을 아래로 하여 어깨 높이 만큼 올려 앞으로 뻗는
다. 호흡은 코와 입으로 부드럽게 행하고 배는 이완시킨다.

팔은 직선을 유지하고 번갈아가며 치켜올렸다 내렸다 한다. 손을 아주 천천히 움직인다. 처음에는 팔을 크게 움직이지 않는다. 점차적으로 움직임을 확장시켜 각 팔이 멀리 움직일 수 있는 만큼 위, 아래로 움직인다. 가장 멀리 움직인 거리에서 목과 머리의 뒷부분이 이완된다. 이때 몸은 흐트러지지 않은 상태로 앞을 응시하며 곧게 서 있는다.

우리는 이 동작에 의해서 공간에 대한 특별한 감각에 집중하게 되며 마치 수영하는 것처럼 느낄 것이다.

3~5분 정도 팔을 계속해서 위에서 아래로 흔든다. 그런 다음 천천히 팔이 정지될 때까지 움직임을 줄여나간다.

이제는 두 팔을 천천히 손바닥이 앞을 향하게 하여 머리 위로 올린다. 그 다음 두 팔을 수평으로 하여 똑바로 내린다. 이때 머리와 허리를 아래로 숙여 손가락이 바닥에 닿도록 한다.

그리고 천천히 몸을 일으켜 바로 서는데 최대한 팔을 머리 위로 올린다. 동작을 행하는 동안 팔을 똑바로 유지하는 것이 중요하다. 팔을 아래에서부터 머리 뒤쪽까지 움직여 충분히 이완시켜 준다. 이러한 동작을 3~9번 행한다.

모든 동작이 끝나면 5~10분 정도 조용히 앉아서 감각을 빠르게 팽창시킨다.

이 동작의 첫 번째 부분(팔을 번갈아가며 치켜올리는 동작)은 등과 목, 식도와 머리 뒤쪽의 긴장을 해소한다. 두 번째 부분(몸을 아래로 숙이는 동작)은 첫 번째 동작의 느낌을 풀어줌으로써 그 느낌을 몸 전체로 확장시켜 나간다.

감각의 자각

※ 이 동작은 손과 팔의 자세가 이전의 동작과는 다르다.

곧 바로 선 자세로 발을 편안하게 벌리고 팔을 내려 몸 쪽으로 붙여 이완한다.

한 손을 안으로 돌려서 손등이 안쪽으로 오고 엄지손가락이 바깥으로 향하게 하여 머리 위로 천천히 치켜든다. 이 자세에서 호흡은 코와 입을 통하여 천천히 쉽게 하며 배를 이완시킨다.

지금 한 팔은 위를 향하여 뻗어 있고 한 팔은 아래로 향하고 있다. 그리고 팔은 곧게 위로 뻗어 있지만 이완되어 있다. 주변의 공간을 통하여 아주 천천히 느낌을 집중하고 팽창시킨다.

이제 아주 천천히 팔을 한쪽씩 번갈아 가며 움직인다. 점차적으로 팔의 움직임의 영역을 늘리면서 두 팔을 가능한 많이 뻗는다.
이러한 동작에 의하여 느낌의 특성을 팽창시키고 자극한다. 그리고 배를 이완하며 호흡을 천천히 부드럽고 고르게 내쉰다.
계속해서 3~5분 정도 팔을 움직인 다음 천천히 그 움직임을 줄여 나간다. 팔의 움직임의 높이가 어깨 정도가 되면 두 팔을 머리 위로 쭉 펴서 근육을 늘려준다.
이제 천천히 팔을 내려 손을 이완하고 잠시 동안 조용히 서 있는다. 이러한 움직임으로 인한 느낌을 계속해서 확장해 나간다.

다시 한번 손을 안으로 돌려 손등이 안쪽으로 오게 하고 엄지손가락이 바깥으로 향하게 한다. 이 자세에서 두 팔과 함께 몸을 앞으로 천천히 숙이는데 이때 팔은 쭉 피며 손가락은 바닥에 거의 닿도록 한다. 그리고 머리는 느슨하고 편안하게 숙인다. 배를 이완시키고 호흡은 코와 입을 통하여 부드럽게 한다.

지금부터 천천히 팔을 올리며 몸을 세워 똑바로 선다. 그리고 몸을 약간 뒤로 젖혀준다. 계속해서 천천히 다시 앞으로 몸을 굽히며 손과 팔에 의한 특별한 공간의 특성을 깊게 느낀다.

처음에는 천천히 시작하여 점차 몸을 빠르게 올렸다 내렸다 한다. 하며 몸의 율동과 함께 그 느낌 속으로 녹아들게 한다. 빨리 움직일 때 배는 이완되고 동작과 호흡은 고르고 부드러워 진다.
만약 움직이는 감각을 잃어버리게 된다면 동작을 천천히 한다. 감각은 느리지만 더욱 예민해지며 빠르게 움직이는 기초가 된다.
이러한 동작은 9번 이상을 행한다. 지금쯤 팔에는 어떤 특이한 흥분된 감각을 느낄 것이다.

이제 똑바로 선 자세에서 천천히 팔을 내려 몸 쪽으로 가져가 이완시키고 잠시 동안 가만히 서 있는다. 그리고 조용히 5~10분 정도 앉아 있으면서 호흡을 부드럽고 고르게 한다. 감각은 몸을 통하여 전달되며 우리의 몸을 훨씬 넘어 우주로 팽창해 나간다.

　바로 선 자세에서 발을 약간 벌린 다음 허리는 곧게 하고 팔을
이완시킨다. 호흡을 들이쉬면서 손바닥은 아래로 하고 두 팔을 천
천히 어깨 높이로 하여 앞으로 뻗는다.

앞의 그림과 같이 머리와 가슴은 바로 한 상태로 호흡을 내쉬면서 아주 천천히 두 팔을 오른쪽으로 옮긴다. 가능한 오른쪽으로 많이 뻗는다. 왼쪽 팔은 가볍게 오른쪽 팔꿈치에 닿을 정도로만 굽힌다.

호흡을 들이쉬면서 팔을 아주 천천히 원래대로 앞으로 가져온다. 동작을 멈추지 말고 계속해서 이어나간다. 이번에는 호흡을 내쉬면서 왼쪽으로 두 팔을 옮긴다. 이때도 마찬가지로 오른팔을 왼쪽 팔꿈치에 가볍게 닿도록 한다.

이러한 동작을 통하여 배는 이완되고 몸은 바르게 균형을 이룬다. 특히 가슴을 이완하고 안정시킨다.
각각 양쪽에 3~9번 행한다. 동작에 의해 느낌이 깨어나면 5~10분 정도 조용히 앉아 있는다.

동작 8 몸의 균형

이 동작은 맨발로 행한다. 균형있게 서서 손을 엉덩이에 가져가
고 두 발은 약간의 간격을 벌린 다음 등을 바로 하고 가슴은 높인
다. 천천히 엄지발가락을 내려 바닥에 붙인 채 오른쪽 발뒤꿈치를

올린다. 이때 왼쪽 발은 자신의 체중을 지탱하게 된다. 천천히 움직임을 계속하여 이제는 오른쪽 발뒤꿈치가 바닥에 닿게 하며 왼쪽 발뒤꿈치를 올린다.

천천히 부드러운 리듬으로 계속 행한다. 한쪽 발뒤꿈치를 들어 올릴 때 한쪽 발은 몸을 지탱하며 바닥에 닿아 있어야 한다. 몸의 균형과 체중은 발가락과 발의 복숭아 뼈에 의해 지탱된다.

발뒤꿈치를 더 높이 들어 근육을 가능한 많이 이완시킨다. 발뒤꿈치를 내릴 때도 가능한 바닥에 밀착시킨다.

이제 발꿈치를 모두 바닥에 대고 손으로 엉덩이를 약간 앞으로 밀어준다. 만약 낮은 의자에 앉아서 행한 경우라면 두 무릎은 굽힌다. 그리고 등은 곧게 세우며 수직적인 움직임에 의한 느낌의 변화를 주시한다.

이러한 동작은 몸의 불균형이나 경련 및 통증을 없애며 호흡을 부드럽고 고르게 해준다.

움직임을 점차 조금씩 더 빠르게 한다. 하지만 느낌의 정도가 둔해질 때는 빠르게 하지 않는다.

동작의 마무리는 움직임을 점차 천천히 하여 동작이 완전히 멈추게 한다. 그리고 조용히 앉아서 5~10분 정도 몸과 마음과 감각의 자극을 넓혀 나간다.

이 동작은 몸의 엉덩이 근육과 무릎과 넓적다리와 발가락에 에너지를 자극한다.

46

몸 에너지의 감지

발을 편안하게 벌리고 균형있게 서서 팔을 이완시킨다. 눈을 감고 잠시동안 내면적 체험을 감지(感知)하고 이완한다.

현재 당신의 정서적인 상태는 어떠한가?

당신은 고요함이나 피곤함을 느끼는가?

당신의 마음이 생각으로 가득 차 있는가?

지금 천천히 눈을 뜬다. 그리고 이완을 가득 느끼도록 어떤 동작이든 자신이 하고 싶은대로 천천히 움직이기 시작한다. 호흡은 부드럽게 코와 입을 통하여 내쉬고 배를 이완한다. 움직임을 바꾸거나 흔들어 부드럽게 비틀고 단단해진 부분을 구부리고 흔든다. 이완된 느낌과 조화된 움직임으로 이끌게 한다.

이완의 느낌을 온 몸으로 퍼져나가게 한다. 턱과 목, 어깨, 견갑골, 팔, 팔꿈치, 손목과 손가락들 허리 중앙 부위와 허리 뒤의 아랫부분과 골반, 넓적다리, 무릎, 발목과 발가락으로 퍼져 나가게 한다.

모든 몸의 부위를 각성시키고 어떠한 움직임도 이완의 느낌으로 확장시켜 나간다. 이러한 느낌을 5분 이상 지속시킨다. 움직임의 짧고, 빠르고, 가벼운 다른 특성들을 천천히 개발시켜 나간다. 이것은 공을 차는 것과 같이 강한 움직임이 아니고 율동적인 움직임에 가깝다.

다리와 손을 움직이기 시작하여 자신의 몸으로 더욱더 확장시켜 결국 몸 전체의 움직임으로 확대시킨다. 만일 아픈 부위가 있다면 가볍고 부드럽게 진동을 준다. 계속해서 몇 분 동안 움직임에 의한 느낌을 자극하여 5~10분 정도 조용히 앉아 있는다.

균형과 호흡

2 단계

이 실기들은 몸의 상체의 긴장을 풀어주고 내면 에너지의 균형을 유지하여 보다 느낌을 자유롭게 흐를 수 있도록 한다. 또한 몸과 마음을 에너지와 접촉시키겠끔 한다. **동작 18**과 **동작 21**은 하체에 에너지를 부여한다.

이러한 몇 가지의 동작들은 가능한 짜여진 시간에 행한다. 만약 호흡으로 시간을 측정하고 싶으면 내쉬는 호흡을 이용한다.(보통 평균적으로 1분에 10~15회의 날숨을 내쉰다) 단 동작을 시작하기 전에 호흡의 길이를 시간으로 측정하는 것이 좋다.

막혀있는 긴장을 풀어준 후 동작을 실천한다. 그리고 긴장을 주었다 풀었다 하면서 긴장해소의 과정을 지켜본다. 긴장해소의 과정이 느려질 때 에너지가 증가됨을 자각하며 느낌을 계속 유지하는 것이 쉬워진다.

이러한 느낌은 몸 전체로 퍼져 나가며 흥분과 자극을 가능한 빨리 이완시켜 준다.

각 동작을 충분히 탐구하여 실천한다. 균형을 이루는 특성과 자극의 친숙한 느낌까지도 고려한다. 결코 동작을 서둘러서 빨리 하려고 하지 않으며 그리고 너무 많이 하지 않는다. 만약 동작을 실천하다가 자신감이 생기면 그 느낌을 실행에 옮기도록 한다.

스스로의 강요된 제한을 열어 보다 깊은 느낌과 감각을 열어주고 자신을 보다 넓게 확장시킨다. 모든 제한된 것을 넘어서 자기 스스로의 경험에 의해 우주와 같이 넓게 확산되도록 한다.

동작10 감각의 접촉

  방석이나 담요 위에 가부좌로 앉아 손은 무릎 위에 얹고 허리는
바로 세운다. 그리고 시선은 앞을 향한다.

양쪽 어깨를 앞에서부터 뒤로 자전거 바퀴를 뒤로 돌리듯이 행한다. 가능한 빠르고 약간 강하게 움직인다. 그 다음 어깨를 아주 느슨하게 움직이며 머리는 바로 한다. 어깻죽지의 움직임으로 척추를 마사지하는 것이다. 이러한 동작은 1분 정도 계속한다.

점차적으로 움직임의 특성을 변화시켜 더욱 부드럽고, 느리고, 편안하게 마사지의 특성을 살린다. 이 마사지는 상체의 감각을 자극하고 긴장을 해소시키며 근육질과 피부 층 사이에 감각을 깨어나게 한다.

감각은 가슴 중심 부위에서 갑자기 일어나며 무언가의 간절한 느낌과 함께 깨어난다. 이제 편안하게 앉아서 3~5분 정도 이 동작에 의한 느낌을 팽창시킨다. 느낌의 강도가 개발된다.

이 동작을 더욱더 개발하기 위해서 다음과 같은 변화된 동작을 시도해 본다.

왼쪽 어깨를 앞에서 뒤로 20번 정도 돌리고 그 다음 같은 방법으로 오른쪽 어깨를 똑같이 돌린다. 그 다음 2분 정도 앉아서 움직임에 의한 감각의 자극을 경험한다.

이제는 다시 왼쪽 어깨를 20번 정도 돌리는데 전보다 천천히 돌린다. 마찬가지로 오른쪽 어깨에도 반복한다. 그리고 2분 정도 그 느낌과 함께 조용히 앉아 있는다.

움직임을 반복한다. 첫 번째는 왼쪽 그 다음은 오른쪽 어깨에 행한다.

지금부터는 더욱 천천히 행한다. 그 다음 5분 정도 조용히 앉아서 동작으로부터 감각이나 느낌이 표출되도록 한다. 이 동작은 일어선 상태에서도 할 수가 있다.

내면 에너지의 균형

　임산부라면 이 동작은 좋은 실기가 될 수 없으며 만약 목이나 등을 다쳤거나 3~4개월 이내에 수술을 했다면 마음속으로만 실시한다.

방석이나 담요 위에 가부좌로 앉아 손은 무릎에 얹어 이완하고 호흡은 코와 입을 통하여 부드럽고 고르게 쉰다. 턱을 약간 들어 앞쪽을 향하여 원을 만든다. 얼굴의 턱 부위나 돌출부위를 가능한 천천히 풀어준다. 이때 적극적으로 강하게 풀어주는 것을 겁내지 않는다.(목이나 등을 다쳤다면 조심해서 풀어준다)

가슴이나 목이 앞을 향해 바르게 되어있으면 턱이 정면을 향하게 된다. 이러한 동작은 강한 힘과 에너지를 가지고 이완의 분명한 특성으로 이끌어준다. 계속해서 이완하며 호흡은 아주 느리게 코와 입을 통하여 내쉰다.

턱은 가슴을 향하여 숙이고 가능한 가슴에 가까워지도록 목을 천천히 많이 숙인다. 목 뒤 근육은 아주 긴장되고 강해지며 약간 떨릴 것이다. 목 근육에 강한 특성을 유지하면서 손과 배를 편안하게 이완시킨다.

이제 턱으로 원을 만들어 가능한 천천히 위로 올려 어깨와 목 근육이 마치 분리되는 것처럼 한다. 턱은 앞을 향해 완전한 원을 그리며 천천히 움직인다.

아주 천천히 긴장을 풀고 느낌의 섬세한 특성을 깨닫는다. 몇 분 동안 조용하게 앉아 호흡을 부드럽게 하고 몸의 감각을 팽창시켜 나간다. 동작을 두 번 이상 반복한다. 그리고 반복 후 몇 분간 앉아 있는다. 마지막에는 5~10분 정도 조용히 앉아 새롭게 생성된 느낌들을 팽창시킨다.

동작이 끝나면 반드시 목 근육을 풀어준다. 호흡은 느리고 부드럽게 행하며 머리를 앞 뒤로 돌리고 좌우로 기울인다. 이때 귀가 어깨에 닿을 정도로 한다. 매 동작이 끝날 때마다 목 근육을 부드럽게 마사지 해준다.

턱을 뒤로 당긴 상태에서 바라보고 소리를 듣는다. 이러한 자세는 일상적인 동작이 아니다. 동작을 여러 번 반복하므로써 목 주위의 긴장이 효과적으로 해소되는 것을 발견할 것이며 이완된 느낌을 가질 것이다. 매일 실천하며 또한 피곤하거나 긴장되었을 때 행한다.

이 동작은 목과 어깨와 가슴과 척추의 긴장을 해소하고 이 부분의 에너지 균형을 맞추어 준다.

이 동작은 임산부에게는 적합하지 않으며 목이나 등을 다쳤거나
3~4개월 이내에 수술 경험이 있다면 마음 속으로만 행한다.

이번 자세는 턱을 양쪽 방향으로 반정도 틀어주는 동작이다. 담요나 방석 위에 가부좌로 앉고 손은 무릎 위에 얹는다. 호흡은 코와 입을 통하여 부드럽게 내쉰다. 천천히 턱을 앞으로 당기고 힘을 준다. 그리고 가슴은 바로 한다.

이 자세에서 천천히 턱을 좌우로 돌린다. 그런 다음 턱을 오른쪽 어깨에 가져간 후 천장을 바라본다.(턱이 오른쪽 어깨를 넘어갈 때도 계속해서 천장을 바라본다) 그리고 천천히 턱을 숙인다. 어깨를 약간 뒤로하며 위장을 느슨하게 한다.

이제 천천히 턱을 들어 천장을 바라본다. 그리고 천천히 오른쪽에서 왼쪽으로 움직인다. 마찬가지로 천장을 바라보다가 천천히 턱을 숙인다. 마지막으로 얼굴을 똑바로 들어 가슴을 향해 고개를 숙인다.

이러한 동작은 연속적으로 반복하여 움직인다. 동작이 끝나면 아주 천천히 턱을 가슴에서 위로 올려 동작에 의해 자극된 느낌의 특성과 긴장을 풀어준다.

목 근육을 부드럽게 세 가지 방법으로 풀어준다. 머리를 앞과 뒤로 움직이고, 좌우로 움직이고, 귀를 어깨에 닿을 정도로 기울인다. 또한 목을 원하는 대로 부드럽게 마사지한다.

이 동작을 아주 천천히 3~9번 행한다. 각 반복마다 잠시 앉아 있도록 하며 동작이 끝날 때쯤 5~10분 정도 앉아서 확대되는 느낌의 자극에 집중한다.

이 동작은 목, 머리, 어깨, 가슴, 척추의 긴장을 풀어주고 이 부분에 똑같이 에너지를 공급해 준다.

몸과 마음의 통합

이 동작은 임산부에게는 적합하지 않다. 또한 목이나 등이 아프
거나 3~4개월 이내에 수술 경험이 있다면 부드럽게 행한다.

담요나 방석 위에 편안하게 가부좌를 하고 앉는다. 팔을 똑바로 하여 손은 무릎 위에 얹는다. 그리고 어깨를 위로 살짝 치켜든다.

천천히 머리를 앞으로 숙이고 턱에 약간의 힘을 준다. 근육을 너무 많이 당기거나 힘을주어 절대 무리하지 않는다.

호흡은 코와 입을 통하여 부드럽게 하고 머리를 계속해서 숙여 턱을 천천히 가슴으로 가져간다. 그 다음 턱을 위로 치켜올리고 아주 천천히 턱과 어깨와 목의 긴장을 풀어 섬세한 느낌의 특성들이 상승되도록 한다. 이러한 느낌을 자신의 몸 전체를 통하여 공급한다. 이러한 동작은 세 번 행한다.

다시 반복하기 전까지 몇 분 동안 쉰다. 그리고 5~10분 후에 끝낸다. 매번 동작이 끝난 후 목 근육을 부드럽고 느슨하게 풀어준다. 천천히 머리를 앞에서 뒤로 돌려주고 좌우로 기울인다.(귀가 어깨에 닿을 정도로 한다) 또한 목을 원하는 대로 부드럽게 마사지한다.

앞의 실기처럼 이 동작도 목, 머리, 어깨, 가슴, 척추의 긴장을 풀어주고 서로 에너지를 교류시켜 준다.

동작14 공간을 즐긴다

　　다리를 약간 벌리고 균형있게 선다. 등은 바로 세우고 팔은 몸
옆으로 이완시키고 호흡은 코와 입을 통하여 고르게 내쉰다.
　　팔꿈치는 구부리고 손은 가슴 높이로 하여 손가락을 서로 잡아당긴다.(이때 손톱은 짧아야 한다) 그리고 어깨를 약간 뒤로 움직인다. 눈은 부드럽고 안정감 있게 앞을 바라본다.

이때 발은 거의 바닥에 밀착시킨다. 무릎은 바로 고정한 상태로 가능한 아주 천천히 오른발을 오른쪽으로 멀리 비틀었다 멈추지 말고 다시 제자리로 돌아온다.

이러한 동작은 1분 정도 걸린다. 이제 왼쪽 발도 천천히 왼쪽으로 가능한 멀리 비틀며 오른쪽과 같은 방법으로 행한다.

이러한 동작은 배와 엉덩이를 이완시킨다. 손과 팔, 어깨에 긴장감이 있더라도 호흡은 쉽게 이루어진다.

이제 몸을 바로하여 아주 천천히 긴장을 풀고 특히 어깨와 척추에 감각을 일깨워 그 감각 속으로 깊이 들어간다. 계속해서 손가락으로 팔을 서로 당기면서 몸의 감각을 팽창해 나간다.

이러한 동작은 세 번 행하며 잠시 쉬었다가 다시 실시하며 동작이 모두 끝나면 조용히 앉아서 5~10분 정도 쉰다. 이 동작은 앉아서도 행할 수 있다.

다리를 약간 벌리고 허리를 바로 세워 몸의 균형을 잡고 선다.
호흡은 코와 입으로 가볍고 부드럽게 행한다.

양손은 골반에 대고 가능한 서로 많이 밀착시킨다. 다리와 발은 확고하게 바로 서 있으며 이때 무릎은 붙이지 않는다.

　이 자세에서 아주 천천히 머리와 상체를 오른쪽으로 천천히 비튼다. 손으로 골반을 잡고 있는 상태에서 오른쪽 엉덩이를 약간 앞으로 밀어준다. 이 동작을 행하는데 약 30초 정도를 소요한다. 아주 천천히 움직이는 것이다.

　그 다음 천천히 다시 몸을 바로 돌린다. 계속해서 머리와 상체를 왼쪽으로 아주 천천히 비튼다. 골반을 잡고 반대편인 왼쪽 엉덩이를 약간 앞으로 밀어준다. 오른쪽과 마찬가지로 아주 천천히 움직이며 다시 앞으로 돌아온다.

　이러한 동작으로 골반은 아주 작게 움직인다. 동작을 계속 실천할수록 몸의 하체를 트는 것과 상체를 트는 것이 매우 다르다는 것을 배울 것이다. 상체를 부드럽게 움직일 때 하체는 움직이지 않는 확고하고 강한 특성을 지니게 된다. 이러한 두 가지 특성은 우리의 몸에 특별한 균형을 가져다 준다.

　완전한 동작을 행한다. 이 동작을 오른쪽에서 왼쪽으로 3~9번 행한 다음 5분 정도 조용히 앉아서 이 동작에 의해 독특하게 창출된 에너지를 느낀다.

　이 동작은 가슴 근육의 긴장을 풀어주고 상체와 몸의 뒷부분, 그리고 목 부위와 위장을 이완시킨다.

다리를 편한 만큼 벌려 허리는 바로 세우고 팔은 이완시킨다. 왼쪽 발은 발가락이 왼쪽으로 가게 틀어주고 오른쪽 발은 발가락이 정면으로 가게하며 왼쪽 발과의 거리는 30㎝ 정도 떨어뜨린다. 이때 왼쪽 발뒤꿈치와 오른쪽 발뒤꿈치가 직각이 되도록 한다. 팔은 어깨 위로 올려 손을 어깨에 대고 엄지손가락으로 누른다.

이 자세에서 눈을 뜨고 천천히 허리 상부를 왼쪽으로 돌리기 시작한다. 왼쪽 팔꿈치와 함께 허리를 가능한 멀리 틀어준다. 단 무리하지않을 정도로 돌려준다.

이제 몸을 다시 바로 돌리고 멈추지 않고 계속해서 오른쪽에도 같은 방법으로 행한다. 오른쪽 발은 발가락이 오른쪽으로 가게 틀어주고 왼쪽발은 발가락이 정면을 향하게 한다.

아주 천천히 3~9번 행한다. 한쪽 방향의 동작이 끝나면 천장을 향해 위를 한번 쳐다보고 다시 반대편에 동작을 반복한다. 호흡은 코와 입을 통하여 고르고 부드럽게 하며 손은 계속해서 어깨를 누르고 있는다.

동작이 모두 끝나면 5~10분 정도 조용히 앉아 동작에 의한 감각의 자극을 팽창시킨다.

이 동작은 두통을 제거시키고 몸의 뒷부분과 어깨와 다리의 긴장을 해소시킨다.

깨어있음을 접촉한다

　이 실기는 만약 〈1단계〉에서 마사지를 통해 목과 등의 긴장을 해소시켰다면 더욱 효과적인 동작이다.

　허리를 바로 세우고 다리를 약간 벌려 균형있게 선다. 천천히 팔을 어깨 높이로 하여 가볍게 팔짱을 낀다. 정면을 바라보며 팔짱을 오른쪽으로 두 번 밀어준다. 동시에 호흡은 코와 입을 통하여 가득히 내쉰다.

팔을 옆으로 밀 때, 첫 번째보다 두 번째가 훨씬 익숙하다면 보다 더 멀리 오른쪽으로 민다. 팔과 어깨를 움직일 때 머리와 허리는 반드시 고정한다.

허리 중간부위나 목 뒤에서 소리가 나는 것은 근육과 척추가 바로 잡혀간다는 신호이다. 이 동작과 호흡은 다소 강한 충동을 가지고 있으며 충격이나 긴장을 주는 것은 아니므로 자연스럽게 움직인다.

이제 천천히 원래대로 돌아오며 호흡은 천천히 많이 들이쉰다. 지금 당신의 어깨와 등의 근육과 배는 느슨해져 있다. 그리고 같은 동작을 왼쪽에 반복한다. 오른쪽과 왼쪽에 완전한 동작을 세 번 행한다. 마지막으로 조용히 앉아 3~5분 이상 몸에 생성된 느낌과 감각을 빠르게 확산시킨다.

이 동작은 어깨와 등의 긴장을 제거시킨다. 그리고 날숨을 통하여 하체에 뭉쳐있는 부분이 해소된다.

동작18 에너지의 활성화

　그림과 같이 오른쪽 무릎을 꿇어 발가락을 뒤로하고 왼쪽 발을 앞으로 내어 가능한 멀리 내딛는다. 오른손은 오른쪽 엉덩이에 대고 왼손은 왼쪽 무릎 위에 얹는다.

얼굴은 정면을 향하고 허리는 바로 세운다. 체중을 왼발에 싣는다. 그리고 왼쪽 다리의 근육과 양 무릎의 근육이 이완되는 것을 느낀다. 이때 다리를 조금 더 넓혀도 괜찮으며 팔과 손, 가슴을 이완한다. 이러한 자세로 30초 정도 머문 다음 근육이 이완되는 감각을 느낀다. 호흡은 코와 입으로 부드럽게 내쉰다.

아주 천천히 체중을 바닥에 꿇고 있는 오른쪽 다리로 옮겼다가 다시 천천히 왼쪽 다리로 옮긴다. 그리고 천천히 무릎 관절과 왼쪽 발목으로 옮겨 발가락이 천장을 쳐다보게 한다.

다리의 근육을 최대한 이완시키고 섬세한 느낌으로 스며들게 한다. 왼쪽 다리와 발과 무릎 양쪽을 천천히 이완시킨다. 가볍게 쉬면서 근육늘임(스트레칭)에 의한 감각의 자극을 계속 확대시킨다.

이제는 양쪽 다리와 손의 위치를 바꾸어 왼쪽 무릎은 바닥에 꿇고 오른쪽 발은 앞으로 내딛는다. 오른손은 오른쪽 무릎 위에 얹고 왼손은 왼쪽 엉덩이에 가져간다. 이러한 형태로 동작을 반복 실행한다.

처음에 한쪽을 행하고 그 다음에 다른 쪽을 하되 세 번 반복하므로써 완전한 실기를 행한다. 각 반복 후에는 잠시 휴식한다.

동작이 모두 끝나면 조용히 앉아서 5~10분 정도 느낌의 팽창을 확대시킨다.

에너지의 균형

　다리를 편안하게 하여 두 발을 약간 벌리고 선다. 그리고 두 손
등을 모아서 등 위에 얹는다. 그 상태에서 천천히 앞으로 허리를
굽히며 척추 사이의 근육을 손가락 마디로 마사지한다.

이 마사지는 옷을 입은 상태에서 하는 경우가 많다. 그러나 피부에 직접 행하는 것이 가장 좋다.

몸을 이완시키면서 계속해서 천천히 마사지한다. 이때 머리는 힘을 빼고 편안하게 숙여져 있도록 해야 한다.

이 마사지는 속도와 강도에 변화를 줄 수 있다. 처음에는 척추 아래의 한 부분을 천천히 문질러 감각이 둔화될 때까지 행한다. 천천히 척추를 따라 위로 올라가면서 손가락 마디로 척추 근육의 섬세한 부분을 문지른다. 자신의 손이 닿는 데까지 올라가면서 계속해서 문지른다.

모든 동작이 끝나면 팔을 아래로 이완시키고 몸을 천천히 위로 올린다. 호흡은 부드럽고 고르게 내쉰다. 그리고 두 다리에 체중을 실은 다음 몇 분 정도 편안하게 서 있는다.

이 동작은 긴장을 해소시키고 균형된 호흡을 하게하며 에너지의 흐름을 원활하게 한다. 또한 심한 운동 후에 반드시 필요하며 모든 하체를 이용한 실기 후에 한번 정도 행하는 것이 좋다.

동작20 자아의 이미지

　균형있게 서서 허리를 바로 세우고 팔을 이완시킨다. 그림과 같이 두 팔을 가슴으로 교차하여 서로 좌우로 어깨를 감싸 잡는다. 이때 팔꿈치는 아래로 향한다.

오른쪽 다리는 왼쪽 다리에 교차시키고 두 발은 나란히 위치하게 된다. 호흡은 부드럽게 코와 입을 통하여 고르고 부드럽게 내쉰다.

허리를 자연스럽게 아주 천천히 머리와 함께 앞으로 숙인다. 가능한 긴장이나 떨림이 없이 숙이도록 한다. 그리고 아주 천천히 팔을 뒤로 뻗으며 발에 집중을 한다.

이제 아주 천천히 팔을 내리고 교차된 발을 바로하여 똑바로 선다. 이러한 동작은 3~9번 행한다.

지금부터는 두 팔을 반대로 교차하여 어깨를 잡고 왼쪽 다리를 오른쪽 다리에 교차하여 똑같이 3~9번 반복한다.

바뀐 자세에 의하여 다른 느낌의 특성에 자극을 준다. 그 다음 5~10분 정도 조용히 앉아 이 움직임에 의해 일어나는 자극의 감각을 팽창시킨다.

다음은 위의 동작에서 약간 응용된 변형 동작이다.

다리를 넓게 벌리고 서서 팔을 뒤로 교차하여 팔꿈치 바로 위의 팔뚝을 잡는다. 이 자세에서 아주 천천히 머리와 함께 허리를 앞으로 숙인다. 머리는 마치 편안하게 매달린 것처럼 느낀다. 그리고 아주 천천히 몸을 일으켜 세운 후 뒤로 약간 젖혀 준다.

이러한 동작으로 느낌의 확장은 갑자기 팽창되며 3~9번 행한다. 이제 5~10분 정도 조용히 앉아 있는다.

이 동작은 피부에 자극을 주고 새로운 정신적 변화와 근육의 흐름을 가져다 준다.

맨발로 마루 바닥이나 땅위에서 발을 약간 벌린 상태로 바로 서서 팔과 몸의 균형을 잡는다.

천천히 왼발을 들어 왼쪽 무릎을 굽힌 다음 오른손으로 왼쪽 무릎을 잡고 가슴 쪽으로 끌어당긴다. 이때, 왼손은 몸 옆에 붙인채 왼손은 편안하게 아래로 향한다.

왼쪽 발목이 유연해지는 것을 느끼며 발가락을 천장으로 향하게 한다. 골반을 이완시키고 어깨를 약간 뒤로 움직인다. 눈을 부드럽게 하여 똑바로 앞을 쳐다보며 이 자세로 1~3분 정도 균형을 잡은 다음 코와 입을 통하여 부드럽게 호흡한다.

이제 움켜잡고 있던 오른손을 왼쪽 다리로 부터 풀어준다. 그리고 손을 이완시킨다. 이때 다리는 계속해서 올려서 구부린 채로 있는다. 그리고 몸의 균형과 중심을 유지하면서 가슴을 이완시킨다.

무릎에 손을 대고 있으면서 아주 천천히 왼쪽다리 하부의 움직임이 쉽게 소통되도록 느낀다. 손은 부드럽게 다리를 땅에 내려놓으면서 이완한다. 이와 같이 근육을 특별하게 움직이므로써 우리는 이완을 촉진시키며 움직임을 조절한다.

이 동작의 특징(감각의 양상)은 다리를 들고 움켜진 자세에서 다리 하부와 팔을 이완하는 것이다. 그리고 근육의 섬세함과 에너지의 변화를 감지할 수 있다. 이때 마음가짐과 태도는 편안하게 욕심을 버리고 바라는 것이 없는 상태로 행해야 한다.

이제 천천히 왼쪽 발을 마루에 내려 놓으며 바닥에 닿기 전에 찾아드는 특이한 느낌에 집중한다. 다리를 천천히 내려 놓으며 계속해서 느낌에 몰입한다.

이러한 동작을 오른쪽에도 똑같이 행한다. 오른쪽 무릎을 들고 왼쪽발로 균형을 잡는다.

　양쪽 모두 완전한 움직임으로 3~9번 행하며 조용히 앉아서 5~10분 정도 이 동작에 의해서 갑자기 팽창된 느낌을 느낀다.

　이 동작은 하체의 여러 다른 에너지의 차원을 자극한다.

몸과 마음의 유대관계

  오른쪽 옆으로 누워서 오른쪽 팔은 손바닥이 마루 바닥에 닿게 하여 머리 위로 쭉 편다. 그리고 왼쪽 다리와 팔을 위로 올린다. 이때 몸은 가능한 쭉 펴서 직선을 유지한다.

다리는 곧게 펴고 양 발목은 부드럽게 유지하고 위로 올려진 왼쪽 발가락은 머리를 향하게 한다. 천천히 왼쪽 팔과 다리를 올려 수직이 되게 하고 다리는 자신이 가능한 만큼 충분히 높이 올린 다음 발목을 이완시킨다. 호흡은 부드럽고 고르게 코와 입을 통하여 내쉰다.

이제 팔과 다리를 동시에 아래로 내린다.(아래로 내릴 때 동일한 시간과 거리를 유지하면서 내린다) 그리고 아주 천천히 움직이면서 더욱 더 팔과 다리가 이완되는 것을 느낀다. 이러한 동작을 세 번 반복한다.

이제는 왼쪽 옆으로 누워 오른쪽 팔과 다리에 똑같은 동작을 반복한다. 이러한 동작은 세 번 이상 실시한다. 동작이 모두 끝나면 바로 누워 5~10분 정도 쉰 다음 동작으로 인한 감각을 활성화시켜 더욱 깊게 휴식한다.

균형과 호흡

3 단계

3 단계

3단계의 실기는 전단계 보다 좀 더 어려운 단계이다. 이번 실기는 일반적인 움직임을 의미하는 것이 아닌 좀 더 어려운 육체적인 행위(전단계 보다 육체적으로 더 요구하는 몇 가지 움직임)이다. 그것은 더 강한 집중을 의미하며 느낌의 강도를 개발하고 접촉하도록 하는 것이다.

쿰니 실천을 몇 달 동안 행하므로써 당신은 아마도 이 실기들의 몇 가지를 할 수 있는 준비가 되었을 것이며 만약 어느 정도의 실기의 결과를 얻게되면 쿰니의 경험을 통하여 자신의 변화를 바라볼 수가 있다.

이제 1단계부터 3단계까지 익숙해졌다면 실기 시간을 길게 잡는다. 그 시간은 1시간까지 가능하다.

이러한 이유는 당신이 다른 강도와 긴장을 원하기 때문이다. 실기는 아주 천천히 행하고 그 다음 아주 천천히 그리고 다시 빠르게 행한다. 다른 속도와 다른 느낌의 특성들을 발견할 것이다. 모든 실기는 긴장과 함께 느슨하게 할 수 있다. 당신은 다른 시간과 장소에서 실천하기를 원할지도 모른다.

이 많은 실기들에서 어떤 자세는 시간의 길이를 측정한다.(날숨을 내쉬는 것을 기준으로 시간을 잰다) 어떠한 특별한 목적없이 휴식을 충분히 취하며 당신이 가지고 있는 특성을 개발한다. 아주 천천히 그 움켜진 것을 표출시킨다. 감각을 더욱 깊게 느끼며 이 실기에 의해 가능한 감각이 빨라지게 된다. 느낌의 강도가 팽창되며 몸을 넘어서 더욱 주위의 공간으로 상호작용하며 자극한다.

느낌이 확장되면 호흡, 행동, 느낌과 마음이 하나로 된다. 이로써 모든 것은 균형이 잡히는 것이다. 그리고 당신만의 특성이 개발되어 어떠한 통제와 억압됨 없이 또한 어떤 노력도 없이 실기의 기쁨을 발견할 것이다.

풍부하게 열린 사랑의 느낌은
우리를 풍부하게 해주며 주위 환경을 빛나게 한다

동작23 가슴을 열어라

　방석이나 담요 위에 가부좌로 앉아 왼손을 자신으로부터 멀리 떨어뜨려 편안하게 바닥을 지지하며 몸을 지탱한다. 이때 손을 너무 앞이나 뒤쪽으로 멀리 떨어지지 않게 한다.

팔꿈치를 구부려 오른손으로 오른쪽 귀를 누른다. 이러한 자세를 계속 유지하며 그림과 같이 몸의 오른쪽이 아치형태가 되도록 누른다. 이때 왼손은 몸을 계속 지탱하고 양쪽의 최대한 균형을 이루게 한다.

무릎을 가능한 바닥에 붙인다. 그리고 마치 갈비뼈가 골반에서 떨어지는듯 한 느낌으로 가슴을 올리며 올려진 팔 아래로 선풍기가 돌아가는 것처럼 팔 아래의 근육과 갈비뼈와 엉덩이 뼈 내부의 공간이 확장되도록 한다. 이 자세로 1~3분간 멈추고 호흡을 천천히 부드럽게 코와 입으로 행한다.

아주 천천히 근육을 이완하며 풀어준다. 이 자세를 1분 정도 행하는데 동작을 멈추고 있을 때 강하게 느낀다.

이제는 손을 바꿔 왼손으로 왼쪽 귀를 눌러준다. 이때 오른손은 바닥을 지지하며 몸을 지탱한다. 그리고 천천히 왼쪽으로 몸을 기울인다. 완전한 동작을 3~9번 정도 행한 다음 조용히 앉아 5~10분 정도 이완의 감각을 느낀다.

이 동작은 가슴 중심 부위를 열어주고 호흡과 순환을 증진시키며 내부의 근육을 마사지 한다.

전체 에너지와의 유대관계

　맨발로 바로 서서 오른쪽 발을 앞으로 하여 넓게 벌리고 양손은
엉덩이를 잡는다. 몸과 마음은 균형이 잡히고 집중이 된다. 오른쪽
발은 오른쪽으로 돌리고 왼쪽 발은 오른쪽 각도로 튼다.

허리를 오른쪽으로 돌리면서 오른쪽 다리를 굽힌다. 이때 얼굴은 오른발 쪽으로 향한다. 이때 왼쪽 다리로 몸을 유지하며 허리를 바로 세운다.

천장이 가까운 벽에 점을 찍고 위로 올려다본다. 머리는 뒤로 젖히고 턱은 앞으로 당긴 다음 가슴은 높이고 팔꿈치는 구부려 엉덩이 뒤로 가져간다. 배를 이완시키며 코와 입을 통하여 부드럽게 호흡을 한다.

이러한 자세는 하반신(오른쪽 무릎)을 굽힘으로써 골반은 이완된다. 다리를 아래로 많이 굽힐수록 왼쪽 다리가 이완되면 항상 직선을 유지한다. 아픔과 에너지는 양쪽다리 뒤에 위치한다. 만약 이러한 지점이 금방 발견되지 않더라도 걱정하지 않는다. 감각이 아래로 내려가는 것을 느낀 후 그러한 느낌을 최대한 이끌어 가장 감각이 강한 곳으로 집중한다.

이러한 지점이 발견되면 감각을 움켜쥐고 천천히 바로 서는 자세로 돌아온다. 시선은 다시 정면을 향한다. 그리고 두 발은 서로 가깝게 한다. 천천히 느낌이 모든 동작에 접촉되도록 유지한다. 호흡을 천천히 부드럽게 하면서 모든 다른 단계들이 호흡과 함께 진행되면 몸의 각 부분을 부드럽고 쉽게 행할 수가 있다.

만약 동작을 하는 것이 어렵다고 생각되면 오른쪽 다리를 굽힐 때 천천히 행하며 이때 느껴지는 다리의 긴장을 더욱 친숙하게 느낀다. 그리고 몇 초 후에 동작을 다시 시작한다.

이제는 천천히 발의 위치를 바꾸어 왼쪽 발을 앞으로 옮기고 오른쪽 다리를 뒤로한다. 계속해서 왼쪽다리에 실기를 행한다. 동작은 항상 부드러운 흐름으로 움직이게 한다. 느낌을 최대한 접촉하면서 움직임을 기계적으로 하지 않는다. 완전한 자세를 취하며 다리를 아래위로 굽히면서 이완되는 느낌을 양쪽 다리에 모두 전달한다.

이러한 동작은 세 번 행한다. 점차적으로 아래로 굽히면서 5~10분 정도 멈춰 있다가 조용히 앉아서 이 움직임에 의한 느낌을 확장시킨다.

위의 동작을 일주일에 10번 정도 실시하고 난 후 아래의 변형 동작도 행하도록 한다.

위의 자세와 동일하게 오른쪽 다리를 앞으로 하고 왼쪽 다리를 뒤로 뻗는다. 오른쪽으로 몸을 돌리고 천천히 숨을 내쉬면서 몸을 낮춘다. 그리고 정면을 향하여 일어나면서 숨을 들이쉰다. 계속해서 숨을 다시 천천히 내쉬면서 왼쪽에도 똑같이 반복한다. 동작을 아주 천천히 그리고 집중적으로 행한다. 계속해서 천천히 근육을 늘리면서 호흡한다. 동작을 통제하고 조절할 수 있도록 항상 균형을 유지한다. 이러한 동작을 각 방향에 세 번씩 행한다.

이제 천천히 두 발을 모으며 똑바로 선다. 그리고 5~10분 정도 조용히 앉아서 느낌을 팽창시킨다. 이 실기를 통하여 당신은 몸과 마음, 호흡의 분명한 연결을 경험하게 된다.

위와 같이 오른발은 오른쪽으로 돌리고 오른쪽 발뒤꿈치는 왼쪽

발로 향한다. 오른쪽으로 머리와 몸을 돌리고 오른쪽 무릎을 굽힌다. 이때 손은 엉덩이에 가져간다.

잠시 멈추고 호흡을 아주 부드럽게 코와 입으로 쉰다. 오른쪽 위를 바라보며 아주 천천히 왼쪽으로 동작을 똑같이 반복한다.

왼쪽으로 몸이 향한 자세에서, 그대로 똑바로 서서 어깨를 왼쪽으로 향하게 한 다음 머리를 왼쪽으로 한 바퀴 돌린다. 그 다음 어깨, 가슴, 골반, 다리를 돌린다. 계속해서 같은 동작을 오른쪽에도 행한다. 이러한 동작은 세 번 행한다.

반복동작은 최대한 천천히 하고 동작의 통제는 분명한 감각과 함께 한다. 중요한 것은 너무 근육을 늘리려고 하지 않는다. 그 다음 천천히 두 발을 바로 하여 10분 정도 조용히 앉아서 이 동작에 의한 에너지를 팽창시킨다.

이러한 동작은 유대관계를 증가시킨다. 다리의 근육을 개발시키고 머리에서 등으로 그리고 다리로 흐르는 에너지의 흐름을 자극한다.

두 발을 서로 가깝게 하여 균형잡은 다음 등을 곧게 펴고 똑바로
선다. 그림과 같이 가슴 앞으로 두 팔을 교차한 다음 손으로 양쪽
어깨를 잡는다.

발바닥을 바닥에 댄 채 천천히 무릎을 굽히며 허리는 바로 세운다. 마치 의자에 앉은 것처럼 몸을 낮춘 상태에서 긴장없이 내적인 균형을 유지한다.

다리를 아래로 굽힐 때 아마 어떠한 지점에서 더 이상 다리가 내려가지 않는 긴장된 곳을 발견할 것이다. 그때 바로 바닥으로부터 자신의 발꿈치를 들어 올리기 시작한다. 그리고 다리나 골반이 압박된 순간에 동작을 멈춘다. 계속 그 상태를 유지하면서 조금 더 낮춘 다음 다시 바로 선다.

다리를 많이 구부린 상태에서 특별한 몸의 균형과 에너지가 있는 지점을 발견할 것이다. 그리고 다리를 위아래로 굽히면서 더욱 정확한 지점을 발견할 것이다.

당신의 몸에서 열이 나는 것을 느끼고 다리의 진동과 흔들림을 느낄 것이다. 또한 무릎이 압박되는 것을 느낄 것이다. 이러한 동작을 1~5분 정도 유지하며 자극에 잠시 머문다. 계속해서 턱은 당기고 등은 바로 하여 척추 에너지의 흐름에 집중한다.

이제 아주 천천히 바로 서며 긴장을 풀어준다. 다시 두 팔을 교차하여 어깨를 잡고 3~5분 정도 동작을 두 번 반복한다.

동작이 모두 끝나면 조용히 앉아서 10~15분 정도 동작에 의해 일어난 감각의 팽창을 느낀다.

일반적으로 우리의 정서 상태는 몸의 에너지의 균형을 떨어뜨린다. 이러한 동작은 육체적인 움직임을 통하여 전체적인 몸의 균형에 효과를 주도록 우리 몸과 감각과 정서를 연결시킨다. 또한 우리의 감정이나 분개, 노여움 등의 강한 정서를 전환시켜 균형있는 정서로서 부정적인 에너지의 흐름을 제거한다.

만약 이 실기를 충분히 행한다면 순수한 에너지가 몸에 흐를 것이다. 그리고 몸의 균형을 깨뜨리는 내면의 긴장을 발견하고 해소시킨다.

당신을 긴장으로 몰아가는 어떠한 기억도 이완시키고 마치 액체처럼 부드럽게 흐르게 한다. 마치 정서는 이완될 때까지 고통으로 호흡하게 하나 곧 새로운 에너지의 통로를 발견할 것이다.

배는 이완되고 에너지는 다리에서부터 올라와 척추를 통하여 몸전체에 공급된다. 자, 지금부터 눈을 감고 내면의 깊은 균형으로 들어가 보자.

이 동작은 하체에 모든 에너지를 자극하며 순환을 증진시키도록 도와준다.

동작26 부정적인 것을 제거함

　발을 편안하게 벌리고 허리를 바로 세우며 균형있게 선다. 양 팔
꿈치를 굽혀 손바닥은 편편하게 하여 겨드랑이 밑으로 가능한 가
깝게 가져간다. 이때 손가락은 아래로 향한다.

이러한 자세는 처음에는 어려우나 조금 지나면 곧 익숙해질 것이다. 손을 밀착시킬 때 억지로 애쓰지 않는다. 호흡은 코와 입으로 부드럽게 행한다.

이제 무릎은 살짝 굽히고 발꿈치는 바닥에 댄 상태에서 등은 곧게 한다. 마치 의자에 앉은 듯한 형태이다. 아마 낮은 상태로 굽히고 있을 때 어떠한 지점에서 압박이 올 것이며 더 이상 굽힐 수가 없게된다. 그때 발꿈치를 바닥에서 살짝 들어준다. 그리고 긴장될 정도로 당기는 위치에서 멈춘다.

그 다음 계속해서 특수한 지점을 발견할 때까지 더욱 낮춘다. 자신의 에너지의 균형이 오른쪽에서 이동하는 것을 발견할 것이다. (동작 59를 행하였으면 이미 그것을 발견하였을 것이다) 그리고 넓적다리는 떨리며 진동하기 시작할 것이다.

만약 그 지점을 발견하였다면 위를 쳐다보며 30초~1분 가량 멈춰 있는다. 만약 팔이 통증을 느끼면 원하는 만큼 그 통증 속으로 깊이 들어가서 감각을 느낀다.

이제 천천히 다리를 바로 하고 움직임을 앞으로 이동한다. 허리를 앞으로 굽힌 다음 짧게 멈 있다가 호흡을 천천히 부드럽게 행한다.

멈추지 말고 계속해서 무릎을 구부려 몸의 균형과 감각 에너지의 특별한 지점에 도달할 때까지 천천히 굽힌다. 다리는 서서히 굽혀지기 시작하며 30초~1분 가량 멈춘 다음 호흡을 코와 입으로 부드럽게 행한다. 척추의 하부와 넓적다리에 에너지의 감각을 느낄 것이다.

이제 천천히 다리를 바로 하고 허리를 세운다. 그리고 손을 살짝 내리고 팔을 이완한다. 몇 분간 앉거나 서서 생성된 느낌을 확장시킨다.

이러한 동작을 세 번 행하며 각 반복 후에 휴식을 취한다. 그리고 마지막에는 5~10분 정도 조용히 앉아 몸 주위와 내부의 느낌을 계속해서 확장해 나간다.

이 동작을 행하면서 첫 번째로 느끼는 감각은 통증일 것이다. 습관적으로 우리는 통증이나 아픔의 종류를 피하려고 한다. 하지만 통증을 포함한 모든 감각에 집중하게 되면 당신은 새롭고 활기찬 에너지의 근원으로 '통증'의 정신적 개념을 넘어설 수 있다. 또한 호흡은 감각과 함께 녹아들고 변경되어 치료 에너지로 바뀌게 된다.

이 동작은 가슴과 부정적으로 머무는 심리작용을 제거하며 강인함을 확립하고 자신감을 갖게 한다.

몸 에너지의 팽창

발을 약간 떨어뜨리고 균형있게 서서 팔을 몸 옆으로 이완시킨다. 양손과 팔목에는 팽팽하게 힘을 준다. 왼쪽 팔을 어깨 높이로 하여 정면으로 뻗는다. 오른쪽 팔은 어깨 높이로 올리고 팔꿈치를 구부려 왼쪽 팔 밑으로 가져간다. 그 상태로 천천히 두 팔을 위로 올린다. 이때, 왼쪽 팔은 수직을 이루며 오른쪽 팔은 머리 위에 위치하게 된다.

왼쪽 팔은 계속 내리려하고 오른쪽 팔은 올리려고 하여 서로 반대의 강한 힘을 창출한다. 강한 긴장과 균형을 유지하며 코와 입으로 숨을 들이쉰다. 오른쪽 팔은 머리를 맑게 한다. 만약 그렇지 않다면 천천히 팔을 올리고 뻗어주어 이완시킨다. 이러한 자세는 계속해서 팔을 긴장하게 하며 배, 목 등뒤는 이완된다.

천천히 두 팔을 어깨높이로 하여 숨은 들이쉬면서 팔의 긴장을 풀어준다. 호흡은 움직임을 통하여 부드럽고 쉽게 한다. 팔을 몸 옆으로 내린 후 몇 분 동안 편안히 이완시킨 다음 서거나 앉아서 몸의 긴장을 풀고 새로운 감각을 일구어낸다.

이제는 팔의 자세를 바꾸어 반복한다. 이러한 완전한 움직임을 세 번하며 각 반복마다 휴식한다. 동작이 끝난 후 5~10분 정도 조용히 앉아 이 동작에 의한 자극의 느낌을 계속해서 확장시킨다.

이 동작은 앉아서도 할 수가 있으며 근육의 긴장을 풀어주고 순환을 증진시키며 내적 에너지의 균형을 가져다 준다.

인내심의 증가

　맨발로 서서 오른쪽 다리 하나로 균형을 잡고 왼쪽 발을 올려 오른쪽 무릎에 대고 눌러준다. 발꿈치를 가랑이 상부에 올린 다음 왼쪽 무릎을 그림과 같이 바깥쪽으로 향하게 한다.

발뒤꿈치를 넓적다리에다 살짝 대면서 왼쪽다리의 균형을 유지시킨다. 팔은 아주 천천히 자연스럽게 몸에서 어깨 높이 보다 약간 높이 올리며 확장시킨다.

손바닥은 아래로 하며 마치 물에 떠있는 것처럼 느낀다. 그리고 아주 천천히 허리를 오른쪽으로 약간 틀었다가 다시 왼쪽으로 틀어준다.

머리는 고정시키고 부드러운 눈으로 정면을 바라본다. 자연스러운 움직임으로 호흡을 부드럽고 가볍게 행한다. 이때 몸은 마치 잠이 오는 것처럼 느슨하게 풀어주고 배는 이완한다. 그리고 왼쪽 발은 오른쪽 넓적다리를 가능한 가볍게 압박한다.

이제 천천히 팔과 다리를 동시에 내리며 두 발의 균형을 다시 잡고 느낌의 섬세한 감각을 인지한다. 바로 서서 몇 분간 멈추어 있는다. 몸의 균형을 유지하며 목과 어깨에 긴장이 풀어지는 것을 느낀다.

다시 다리의 자세를 바꾸어 동작을 반복한다. 양쪽 다리를 번갈아 가며 3~9번 반복한다. 동작이 모두 끝나면 5~10분 동안 조용히 앉아 동작에 의한 느낌의 자극을 확장한다.

이 동작은 몸 에너지의 균형과 우리 몸의 심리학적 변화와 정서적인 면에 균형을 잡아주는 능력을 가지고 있다.

동작29 공간을 감싼다

맨발로 서서 오른쪽 다리로 몸의 균형을 잡고 왼쪽 발을 올려 오른쪽 넓적다리에 가져간다. 그리고 왼쪽 무릎을 뒤로 젖힌다.

천천히 팔을 어깨 위로 올려 서로 교차한 후 팔꿈치를 서로 꼭 껴안는다. 천천히 팔을 높이 올리면서 머리를 약간 뒤로 젖힌다. 위를 향해 당겨주며 목을 양 어깨 사이에 고정시킨다. 왼쪽 발뒤꿈치를 넓적다리에다 살짝 대고 의지하면서 왼쪽다리의 균형을 유지시킨다.

천천히 천장을 바라보며 입을 열고 좀 더 근육을 이완시킨다. 이 자세를 통해 몸의 균형을 갖게된다. 배를 느슨하게 할수록 조금 더 근육을 이완시킬 수가 있을 것이다. 상체 뒷부분의 위쪽을 약간 더 젖혀준다.

이제 천천히 팔을 펼쳐 손바닥을 천장으로 향하게 한 후, 팔을 똑바로 뒤로 젖힌다. 계속해서 천천히 연속적인 동작으로 팔을 몸 옆으로 내리고 마치 천사가 날개를 접고 눈 위에 내리듯이 행한다.

당신의 손과 가슴을 활짝 열어준다. 팔과 다리를 천천히 마루 바닥에 내리고 양쪽 발이 바로 서도록 한다. 발이 마루에 닿기 전에 특수한 느낌이 오도록 이완되는 느낌에 집중한다.

이번에는 다리의 자세를 바꾸어 왼쪽 다리로 몸의 균형을 잡고 오른쪽 발을 올려 왼쪽 넓적 다리에 가져간다. 그리고 천천히 들이쉬는 호흡을 하며 손을 깍지껴서 팔을 위로 올린다. 몇 분 동안 숨을 멈추고 서 있는다.

이제 숨을 천천히 내쉬면서 팔을 천천히 몸 옆으로 내린다. 이때 팔을 아주 유연하고 자유롭게 하며 가슴을 열어 공간을 감싸 안는다. 팔의 동작을 아주 천천히 부드럽게 한다.

손과 팔을 활짝 열어 팔과 다리를 천천히 마루 바닥에 내린후 똑바로 선다.

앞의 두가지 동작을 각 세 번씩 실시하며 호흡과 함께 행한다. 동작이 모두 끝나면 조용히 앉아 뼛속 깊은 고요함을 느끼며 특히 팔과 가슴의 뼈에 더 집중한다.

동작30 심리학적 균형의 증가

맨발로 서서 왼쪽 발을 굽혀서 오른쪽 넓적다리 위에 붙인다. 그리고 오른쪽 다리와 발을 약간 바깥쪽으로 향하게 한다. 천천히 두 팔을 어깨 높이로 하여 천장을 향하여 직선으로 올리고 손바닥은 아래로 향하게 한다. 이때 왼쪽 손바닥은 오른쪽 팔꿈치에 댄다. 이 자세는 왼쪽 팔이 오른쪽 팔을 저항하게 한다.

이 동작을 행하는 만큼 배는 이완된다. 호흡은 고르고 부드럽게 코와 입을 통해 내쉰다. 두 팔은 머리 뒤로 올리고 천천히 팽팽해지는 느낌과 팔 아래 부분이 이완됨을 느낀다. 또한 자신의 몸 주변에 균형의 에너지 느낌이 일어나도록 한다.

동작을 모두 세 번 행하며 다리와 팔의 위치를 바꾸어 동작을 반복한다. 끝으로 5~10분 정도 조용히 앉아 이 동작에 의한 느낌의 확장을 팽창시킨다.

이 동작은 신경계통을 매우 안정시켜 준다. 만약 화가 나거나 기분이 안 좋을 때는 10~15분 정도 조용히 앉아 호흡은 부드럽고 고르게 하면서 균형의 과정을 시작할 필요가 있다.

동작을 시작할 때 아주 천천히 움직이면 호흡의 자각과 동작이 일치된다. 이 동작은 몸과 마음을 계속해서 고요하고 균형있게 해 준다.

안과 밖의 동일성

　마루에 맨발로 서서 등을 곧게 하고 균형을 잡는다. 이때 양손은 엉덩이 위로 가져간다. 천천히 왼쪽 무릎을 들어 굽혔다가 가슴을 향하여 올린다. 그리고 왼쪽 발목을 위로 젖혀 발가락이 천장을 향

하도록 한다.(발은 처음부터 끝까지 이 자세를 유지한다)

등을 바로 하고 배는 이완시키며 천천히 왼쪽 다리를 앞으로 편다. 근육이 많이 당겨질 때는 살짝 올려진 다리를 앞으로 차준다. 동시에 가슴도 앞으로 약간 앞으로 민다. 다리를 살짝 앞으로 찰 때 다리는 거의 수평에 가깝게 한다. 계속해서 다리를 내리지 않고 두 번 더 가슴으로 향해 올리고 천천히 똑바로 편다. 이 동작은 다리의 근육을 천천히 당겨주며 이완시킨다.

위와 같이 세 번 당겨준 후 아주 천천히 자연스럽게 왼쪽 다리를 마루에 내린다. 어떤 특별한 느낌을 발이 땅에 닿기 전에 맛볼 것이다.

이제는 오른쪽 다리를 들어 똑같이 동작을 반복한다. 다리에 힘을 뺀 상태에서 동작의 균형을 계속 유지한다.

배가 긴장되는 것을 느낀다. 배를 단단하게 조이는 통제와 조절을 통하여 균형을 유지하고 원기를 가져오게 한다. 강요되지 않은 자연스러운 움직임으로 동작을 행한다면 곧 활기찬 특성을 발견할 것이다.

양쪽 다리에 완전한 움직임을 행한다. 이러한 동작은 각 세 번씩 행하며 한쪽이 끝나면 5~10분 정도 조용히 앉아서 자극의 느낌을 따라 확장시킨다. 이 동작에 친숙해지면 아홉 번 정도 행한다.

이 동작은 유대관계를 증진시키고 몸 에너지를 활성화시켜 가슴의 긴장을 제거시킨다.

동작32 내면적인 균형의 증가

　오른쪽으로 비스듬히 누워서 다리를 직선으로 뻗고 왼쪽 다리를 오른쪽 다리 위로한다. 손가락은 깍지껴서 머리 뒤로 가져간다. 머리를 편안하게 바닥에 대고 양쪽 팔꿈치는 천장을 향하게 한다.

이제 천천히 근육을 당기며 왼쪽 엉덩이를 왼쪽으로 움직인다. 동시에 왼쪽 팔꿈치는 왼쪽으로 가게하고 왼쪽 어깨는 마루 바닥 가까이 내린다.

이때 얼굴 반쪽은 천장을 향해 있다. 근육을 더 이상 늘리지 못한다면 더 이상 무리하지 않는다. 근육을 얼마나 늘리고 이완시키는가는 신경쓰지 않는다.

이러한 자세로 30초~1분 동안 스트레칭을 멈춘 다음 호흡을 통하여 부드럽게 긴장을 풀어준다. 그리고 천천히 오른쪽으로 비스듬히 누웠던 처음의 자세로 돌아간다. 이러한 근육의 당김을 통하여 감각이 일깨워지고 확장된다.

이제 왼쪽으로 비스듬히 누워 이러한 근육 늘림 동작을 반복한다. 조금 전보다 몸의 근육 늘림이 더욱 쉬울 것이다.

오른쪽에서 왼쪽으로 완전한 동작을 세 번 행한다. 그리고 편안히 천장을 보고 누워 등을 포함하여 몸의 뒷부분을 이완한다. 이때 원한다면 무릎을 굽혀도 좋다. 5분 정도 계속해서 감각의 자극을 팽창시킨다. 이 동작은 상체와 하체의 내적 균형을 가져다 준다.

2

자극과 변환 에너지

자극과 변환 에너지
Stimulating and Transforming Energies

"우리의 몸은 공간으로 가득 채워지고
마치 공간에 의해 둘러싸여 있는 하나의 배와 같다.
온 몸은 우주 속으로 스며든다"

에너지는 우주와 주변세계 그리고 몸과 마음에는 물론 세포까지 둘러싸여 있다. 우리의 몸을 통해서 계속해서 흐르며 존재한다. 우리가 움직이고 에너지를 체험할 때와 우리가 호흡할 때 조차도 에너지는 우리 몸의 안밖에서 계속 상호 작용을 한다.

우리는 보통 에너지와 물질을 반대의 개념으로 생각하려고 한다. 그러나 가장 견고한 물질들 조차도 실제적으로는 운동 에너지를 구성하고 있다. 물질과 에너지들은 모든 수준에 있어서 동등하다.

물리학적으로 우리의 신체는 우리가 생각하고 있는 것 보다 훨씬 강하지 못하다. 그것은 고정되지 않은 물질들로서 근본적으로는 에너지 구현의 진행 과정에 참여하고 있는 것이다.

이러한 에너지들이 매끄럽게 흘러갈 때 우리는 희망찬 모든 에너지에 접근할 수 있다. 그러므로 육체는 건강해지고 정신은 맑아진다. 에너지의 흐름이 활발하고 균형을 이룰 때 정신적, 물리적 활력을 계속 증가시켜주면서 우리의 육체와 정신과 감각들의 모든 면을 재생시켜 준다.

사랑과 관대한 느낌들이 주변 환경에 발산되면서 우리에게 자양분을 공급하고 소생시킨다. 우리의 모든 경험은 기쁨과 구체적인 진행 과정으로 참여한다.

우리가 에너지를 늦추고, 그것들을 잘못 지시하여 자유로운 흐름을 방해할 때 우리의 체험은 줄어들게 된다. 감각들을 직접 체험하는 대신에 그것들로 하여금 기쁨과 만족의 자양분으로 깊숙이 들어가는 것이다. 또한 우리의 심장으로 에너지를 흐르게 하는 대신 생각하는데 집중을 하기 때문에 우리의 감각들을 정신적으로 일깨우는 것이다.

우리는 꽃가루를 얻기위해 아름다운 꽃들을 가볍게 건드리기는 하지만, 결코 꿀을 즐기지 않는 벌들과 같다. 우리는 감각과 만족을 찾았을 때 우리의 에너지를 외부로 표출시키도록 지시한다. 우리의 정신은 가까이에 있는 것을 즐기는 대신에 우리가 미래에 원하는 기대와 생각들로 가득 채운다. 우리는 감각의 표면을 대충 스쳐간다.

에너지를 더 느끼기 위해 우리는 재빠르고도 쉽게 우리에게 강한 감각들을 공급해주는 우리의 감정으로 들어가도록 지시할 것이다. 그러나 이러한 감각들은 균형이 잡히지 않아 우리에게 진정한 만족을 줄 수 없다.

그것들은 완성 대신에 불만족을 일으킨다. 그 다음에는 심리적인 긴장이 물리적 수평 위에 자동적으로 생각과 감각 그리고 행동의 부정적 양상이 반영되는 좀 더 조여짐을 창출해낸다.

감각들을 접촉시키는 우리의 능력이 감소되면 또한 우리의 활기도 줄어든다. 어떠한 반응을 할 때 우리는 우리 자신보다 외부 형태의 에너지에 의지하며 에너지를 얻으려고 노력할 것이다. 이것은 단지 자신의 활력과 건강을 해칠 뿐이다.

이완은 우리의 내적인 원천을 깨어나게 하고 물리적 감각이나 정신적 감각조차 보다 더 많은 느낌들을 향하여 우리를 활짝 열어주므로써 신체와 정신 모두를 치료할 수 있는 것이다.

그것이 확산되고 축적되었을 때, 이러한 감각들과 에너지들은 함께 흘러 통합된다. 한번 통합되면 그들 자신의 내부로 더 멀리 나아가면서 자연스럽게 서로를 자극한다. 그 다음에는 모든 감각의 효과와 호흡과 움직임은 증가하고 기쁨이 깊어지고 체험은 몸속에서 살아 움직인다.

경계선이 신체의 내부에서 해체되고 육체의 윤곽선이 바로 주위의 공간으로 녹아들어 갈 때까지 자양분이 모여들면서 완성의 깊은 느낌이 모든 혈관과 조직을 통하여 흘러 들어간다. 그런 다음에 기쁨이 생기며 자극은 이완으로 전환된다. 결국 공간의 구조가 우리에게 자양분을 공급하는 것이다.

직접적인 체험과 성취감을 발견하면 우리에게 일어나는 모든 느낌과 감각의 모든 것이 체험 중심이라는 것을 알 수가 있다.

우리는 아무것도 하지 않으면 아무것도 성취하지 못한다. 오로지 체험만 있을 뿐이다.

이러한 지식은 우리에게 혼란이나 저항과 같은 부정적인 정서를 새로운 상호 작용으로서의 가능성을 부여해 준다. 왜냐하면 생동하는 에너지의 유동적인 형태는 곧 긍정적인 방향으로 통할 수 있는 경험이기 때문이다.

이번 장의 실기들을 행할 때는 몸과 정신 그리고 감각을 함께 느끼면서 일깨워진 느낌 속으로 깊숙이 들어가도록 한다. 동작을 실천하면서 감각들이 확장될 때는 가능한 생기있고 강하게 행한다.

호흡과 미묘한 정신적, 물리적 에너지들이 통합되었을 때 이러한 감각들은 보통의 감각들 보다 훨씬 더 깊어지고 팽창된다. 이런 느낌들이 우리의 감각을 통하여 흐를 때 우리의 모든 감각들과 느낌들은 확산되며 생기를 갖게 된다. 그리고 그 전보다 훨씬 더 풍부해진다.

"당신이 어떤 부정적인 감정에 이르거나 당신의 몸이나 정신에 조여지는 느낌을 받는다면 풍부하고 생동감 있는 에너지들을 깨우도록 하여라. 그것들을 당신의 풍성하고 기쁨에 찬 감각들과 혼합 하여라. 호흡을 균형있게 하고 너무 강하게 집중하지 않도록 하면서 당신의 인식을 열어 주어라. 그리고 그 느낌들을 그대로 유지 하여라."

충분히 집중하면 당신은 내적인 마력의 과정에 의하여 이 감각들을 실제로 변화시킬 수 있다.

쿰니를 행할 때 당신은 에너지의 핵심이 열리는 것을 경험할 것이다. 머리 중앙부가 열리면 사고(思考)하기가 쉬워지고 의사소통도 분명하게 할 수 있고 실현 불가능한 것들이 가능하게 된다.

목 중앙부가 열리면 시(詩)와 미술의 상징적인 세계가 우리에게 드러나면서 직관적인 힘이 발달한다. 심장 중앙부가 열리면 우리 자신과 다른 것들이 하나가 되어 우리는 모든 것의 일부가 된다. 배꼽 중앙부가 열렸을 때 열망과 점유가 멈춰지고 열(熱)과 같은 에너지의 특성이 몸 전체를 뜨겁게 한다.

우리가 일단 한 번 쿰니를 실행하므로써 느낌과 에너지를 자극시키는 방법을 배우면 모든 행동에 있어서 즐거움과 명랑함을 연마하게 되며 매일매일 점점 더 그것들을 신장시킬 수 있다. 우리는 피곤해질 때면 언제나 에너지를 스스로 공급할 수 있기 때문에 우리는 스트레스를 받는 상황조차도 즐길 수 있다.

하나의 밝은 광선처럼 노력이 기울여졌을 때 우리 삶의 매 순간은 평온하게 진정한 동적·정적 인내를 발전 가능하게 하면서 성취를 자극한다. 결국 우리의 실천은 자연스럽게 행할 수 있고 동시에 체험의 모든 내용을 즐길 수 있는 것이다.

우리의 몸을 바로 알 때, 삶의 과정을 완전히 인식할 수 있으며 삶의 모든 정신적·물리적 체험을 자동적으로 계속해서 신장시킬 수가 있다. 체험은 이러한 것들이 자연스럽게 열리는 것이다.

그것들을 소유하려고 애쓰지 않아도 우리는 주변 세계와 조화를 이루는 상호 작용들을 자극하면서 즐거움의 느낌들을 우리의 외부로 흘러가도록 할 수 있다. 우리가 접촉하고 있는 모든 감각은 묘한 에너지를 방사하게 된다.

이완되고 열려진 길을 걷거나 응시할 때도 우주적인 에너지의 특별한 빛의 특성이 우리의 몸 속으로 들어가는 것은 가능한 일이다.

그 다음에 그러한 느낌의 특성이 몸 밖으로 뻗어나가 우주로까지 확대되도록 그 느낌을 양성하고 신장시킬 수 있다. 이러한 방법으로 우리는 생명 에너지의 계속적인 통찰의 궤도에 참여하게 되는 것이다.

자극과 변환 에너지

1 단계

1 단계

제 1장의 〈균형과 통합〉의 실기와 마찬가지로 이 실기들도 난이도의 정도에 따라서 세 단계로 나뉜다. 각각의 단계는 앞장의 단계와 상응한다. 당신은 아마도 주어진 단계의 실기를 탐구함에 있어서 여러 장을 이리저리 옮겨 다니고 싶을 것이다.

또한 〈1단계〉의 모든 실기를 완전하게 행하기 전에 〈2단계〉 그리고 〈3단계〉의 몇 가지 실기를 탐구하고 싶을 것이다. 실습을 하기 위해서 선택된 실기들은 당신을 이끌어 줄 것이다.

실기를 행하면서 속도를 늦추고 이 책에 주어진 훈련 과정을 따르도록 한다.

각 실기 동작들은 양쪽 방향 모두 3~9번을 완전하게 실시한다는 것을 기억한다.

모든 실기들은 외관상으로는 아무리 단순하다 할지라도 당신의 육체와 정신에 깊은 체험을 가져다 줄 것이다.

각 실기를 실시하는 동안은 당신의 느낌에 대하여 너무 예민하게 반응하지 않는다. 느낌을 있는 그대로 느끼기만 하라.

실기의 묘사 속에서 언급된 느낌들을 상상하여 기대감으로만 내 버려두지 않는다. 반드시 실천한다. 당신의 감각과 호흡을 일치시 켜 최종적으로 당신의 몸과 마음에 균형을 통합시킨다.

비록 아무런 특별한 것도 일어나지 않았다고 생각할지도 모르지 만 쿰니는 자연스럽게 당신의 육체적 정신적인 감각들의 가장 미 묘한 층에 활력을 북돋아줄 것이다.

쿰니의 실천 후에는 낮 동안의 당신의 체험의 특성을 관찰한다. 짧은 시간에라도 당신은 좀 더 진동하는 특성을 매일매일의 생활 에서 인식할 수 있을 것이다. 그리고 즐거움에 대한 당신의 능력은 증가할 것이다.

이번 단계의 실기들은 모두가 하기쉬운 동작들이다. 당신의 몸 전체에 일어나는 감각들에 세심한 주의를 기울이면서 천천히 실천 한다. 특히 **동작 38**은 최소한 일주일 이상의 시간이 필요하며 규 칙적으로 실시하였을 때 의식(에너지 중심)은 대단히 증가하게 될 것이다.

이러한 중심이 좀 더 열리게 되고 내부 기관들과 근육들이 깊게 마사지가 되면 따뜻하고 부드러운 깊은 만족의 느낌으로 당신을 인도할 것이다. 이 과정이 깊어지게 되면 몸의 조화를 이루는 느낌은 당신 주변으로 풍성하게 확대된다.

감각 에너지

매트나 방석 위에 가부좌로 앉아서 두 팔을 어깨높이로 하여 앞으로 천천히 뻗는다. 이때 손바닥은 아래로 향하게 한다. 배는 이 완시킨 상태에서 두 팔을 벌리고 펼쳐서 어깨를 뒤로 밀어준다.

그 다음에 다시 두 손을 앞으로 뻗는다. 이런 식으로 팔을 앞뒤로 천천히 움직여 준다. 이때 팔을 제외한 몸의 다른 부분은 움직이지 않고 오직 팔만 움직인다. 동작과 의식이 하나가 되도록 한다. 움직임을 천천히 계속 행하면서 어깨뼈 위에서 균형 지점을 찾는다.

이제는 손을 아래로 내려 무릎 위에 얹는다. 3~5분 동안 조용히 앉아서 이 동작으로 자극된 에너지의 흐름과 느낌들을 확산시킨다.

이제 다시 두 팔을 앞으로 뻗는다. 그리고 손가락들이 천장을 향하도록 손목을 위로 젖힌다. 팔꿈치를 구부려 가슴 가까이 가져왔다가 앞으로 쭉 밀어준다. 이때 가능한 팔의 윗부분(위팔)은 많이 움직이지 않는다. 동작을 하면서 목에는 긴장을 풀어준다.

당신의 심장 중심부의 에너지를 느껴보라. 무엇인가 아래로 움직이는 것이 있다는 느낌이 들 것이다. 그리고 당신이 느끼는 모든 것에 완전한 의식을 투입시킨다. 그 느낌은 의식으로서 전환될 것이다.

이러한 동작을 9번 반복하며, 호흡은 계속 코와 입을 통하여 부드럽게 골고루 한다. 동작이 모두 끝나면 두 손을 천천히 무릎 위에 얹고 5~10분 동안 조용히 앉아 있는다.

혼란을 제거한다

　융단이나 편편한 매트 위에 그림과 같이 두 다리를 엇갈린 자세
로 앉는다. 오른손으로 오른쪽 발목을 잡고 왼손으로 왼쪽 발목을
잡는다. 그리고 가능한 엉덩이를 바닥에 밀착시키면서 두 발을 바

닥을 따라 자신의 몸쪽으로 잡아 당긴다.

그 다음에 양손을 무릎뼈(슬개골) 바로 밑에 놓는다. 그리고 등은 쭉 펴고 어깨는 아래로 내린 상태에서 무릎을 가능한 가까이 가슴 쪽으로 당긴다. 그리고 무릎을 가슴에 댄다.

앞을 똑바로 응시하면서 1~3분 동안 그 자세를 유지한다. 이때 호흡은 코와 입으로 부드럽게 행하고 배에 가볍게 집중한다.

아주 천천히 긴장을 풀어준다. 1분 정도의 시간이 소요된다. 그리고 몸 속에서 일어나고 있는 감각들을 계속해서 느끼면서 3분 정도 편안한 자세로 조용히 앉아 있는다.

이제 다리의 위치를 반대로 바꾸어서 위의 동작을 반복 실행한다. 이러한 동작은 3~9번 행한다. 그리고 반복 후에는 3분 정도 조용히 앉아 있는다. 동작이 모두 끝나면 5~10분 동안 앉아서 팽창된 감각들을 확산시킨다.

이 동작은 배꼽 중심부에 에너지를 주고 정신을 맑고 깨끗하게 해준다.

명료한 마음

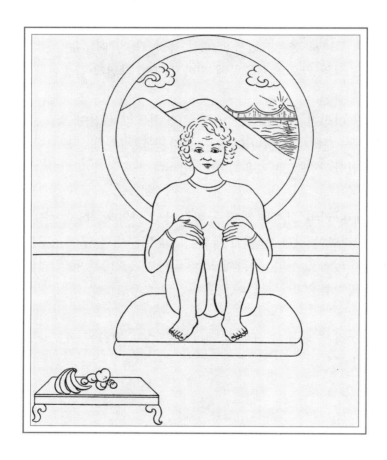

이 동작은 다리 자세가 앞의 실기와는 다르다. 융단이나 매트 위에 무릎은 굽히고 앉는다. 발은 앞으로 하여 바닥에 편편하게 놓고서 앉아 왼손으로 왼쪽 발목을 오른손으로 오른쪽 발목을 잡는다.

그리고 몸과 가깝게 하여 발은 바닥을 따라 끌어당긴다.

그리고 나서 가능한 양손을 무릎뼈 바로 아래에 놓고 무릎은 가능한 가슴 가까이로 잡아 당긴다. 이때 등은 곧게 펴고 어깨는 아래로 내린다. 그리고 무릎을 가슴에 대고 앞을 똑바로 응시하면서 1~3분 동안 자세를 유지한다. 이때 호흡은 코와 입으로 부드럽게 하고 배에 가볍게 집중한다.(원한다면 시간을 측정하는 방법으로 날숨을 내쉰다)

이제 아주 천천히 긴장을 풀어준다. 이것은 1분 정도의 시간이 소요된다. 그리고 몸 안에서 자극된 감각들 속으로 깊게 빠져든다. 이 감각들을 계속해서 확산시키며 3분 정도 조용히 앉아 있는다. 이 동작을 3~9번 행한다. 동작을 반복하고 난 후에는 3분 정도 조용히 앉아 휴식한다. 그리고 마지막에는 5~10분 정도 앉아 마무리를 한다.

이 동작은 앞의 실기와 마찬가지로 하부 에너지의 중심을 증진시키고 정신을 맑게 해준다.

가벼운 에너지

　만약 임신을 하였거나 목이나 등에 손상이 있거나 수술을 한 지 3～4개월 이내라면 이 실기는 아주 천천히 행한다.
　마루 바닥에(이 동작은 매트나 방석 위에서 하지 않는다) 다리를 느슨하게 엇갈려서 앉는다.

왼쪽 다리를 오른쪽 다리의 바깥에 놓는다. 왼쪽 무릎을 들어서 왼쪽 발뒤꿈치를 오른쪽 발목 앞에 가져오는데 왼쪽 발바닥은 바닥에 놓는다. 손가락을 얽혀 잡고서 손으로 왼쪽 무릎을 꽉 잡는다. 아주 서서히 당신의 척추와 목을 뒤로하여 아치형을 만든다. 머리를 계속해서 뒤로 젖히고 있지 않는다.

척추의 굴곡은 우아하게 하며 과격하게 하지 않는다. 좀 더 아치형을 만들기 위해서는 무릎을 부드럽게 끌어당겨 준다. 가능한 오른쪽 무릎을 바닥에 놓은 상태를 유지한다.

너무 열심히 그리고 많이 뻗지 않는다. 그 뻗은 상태로 3~5분을 유지한다. 이때 호흡은 코와 입을 통하여 부드럽게 골고루 행한다. 척추 위에서 움직이는 에너지에 가볍게 집중한다.

당신의 뒷목이 따뜻해짐을 느낄 때 아주 천천히 긴장을 풀어준다. 온기와 에너지에 대한 느낌을 확산시키면서 최소한 1분 동안은 척추를 곧게 펴도록 한다. 이러한 동작을 세 번 행한다.

그 다음에 다리의 위치를 바꾸어서 동일하게 세 번을 행한다. 이 동작들에 의해 자극되어진 느낌들이 후광처럼 방사되도록 하면서 10분 동안 조용히 앉아 끝 마무리를 한다. 이 동작은 척추의 긴장을 풀어준다.

긴장을 이완한다

그림과 같이 다리를 느슨하게 엇갈려 왼쪽 다리를 오른쪽 다리 바깥으로 놓고서 매트나 방석 위에 앉는다. 왼쪽 발바닥은 바닥이나 매트 위에 편편하게 놓은 상태로 왼쪽 무릎을 세운다. 이때 왼쪽 발뒤꿈치는 오른쪽 발목 앞에 놓이게 된다.

발을 가능한 자신의 몸에 가깝게 끌어 당긴다. 그리고 왼손은 왼쪽 무릎 위에 얹고 오른손은 오른쪽 무릎에 얹는다.

이제 오른팔을 쭉 뻗어 머리와 목이 오른팔과 하나의 선을 이루도록 한다. 천천히 목을 뻗어서 부드럽게 왼쪽으로 기울인다. 호흡은 코와 입으로 부드럽고 고르게 한다. 이렇게 사선으로 뻗은 자세는 30초~1분 정도 유지한다.

이러한 자세를 유지하면서 아주 천천히 긴장을 풀어 준다. 호흡과 함께 몸 속에서 깨어난 감각들을 인식한다. 이러한 감각들을 계속 팽창시키며 잠시 동안 조용히 앉아 있는다. 이제 다리의 자세를 반대로 하고 목은 반대쪽으로 기울인다. 이번에는 오른쪽으로 목을 기울여 사선을 유지한다.

처음에는 왼쪽 그 다음에는 오른쪽을 행하며 이러한 동작은 3~9번 실시한다. 양쪽 방향에 동작이 모두 끝나면 잠시 쉬면서 아주 천천히 긴장을 풀어 준다. 동작의 마지막에는 스트레칭으로 생긴 감각들을 계속 팽창시키면서 5~10분 동안 조용히 앉아 있는다.

이 동작은 목, 어깨 그리고 머리의 긴장을 풀어준다. 또한 두통에서 벗어나게 한다.

동작38 감정의 구체화

　가부좌로 편안하게 앉는다. 3일 동안 낮 시간을 이용하여 30분 동안 배꼽 아래의 에너지 중심부에 집중한다. 호흡은 코와 입으로 부드럽고 고르게 행한다. 그리고 가능한 눈은 반쯤 뜨고 있는다.

가끔은 눈을 감고 시작하는 것이 더 쉽다. 집중을 할 때 당신이 행하는 동작을 무엇이든지 항상 생각하며 시작한다. 이틀 후에는 집중의 질을 변화시켜 집중을 약간 가볍게 한다. 그러면 느낌을 자각하는 것이 단순해질 것이다.

이러한 식으로 집중을 하면서 당신의 신체 에너지는 흘러갈 것이다. 느낌은 서서히 일어나고 생각은 고요히 한다.

때때로 그 느낌은 따끈한 우유처럼 부드럽고 조용하며 매우 풍성하며 심오하다. 아주 조용하게 그 느낌들을 확산시키도록 한다. 이것은 그 느낌들을 마지막까지 오래가도록 만들 것이다. 가능한 많이 느끼도록 한다. 또한 그 느낌들을 온 몸으로 퍼지게 한다.

얼굴과 목의 윗부분과 발과 발뒤꿈치 아래까지 느낌이 퍼지게 한다. 그리고 배의 아랫부분과 천골을 약간 조여준다. 마치 우주 전체가 그 느낌들로 변화하는 것처럼 점점 더 몸 전체에 그 느낌들을 확산시킨다. 또한 그 느낌들은 열대 지역에서의 따뜻한 여름날의 산들바람과 같이 불어온다.

처음에는 당신의 피부, 표면 조직과 신경 사이, 그 다음에는 좀 더 깊은 신경과 조직과 기관들 깊숙이, 신체의 수많은 층을 지나면서 내면과 외부를 치료해 준다. 때때로 그 느낌들은 회오리 바람처럼 내부 깊숙이 이동한다.

이러한 방법으로 3일 동안 하루에 30분 정도 배꼽 중심부에 집중하고 나서 심장 중심부로 집중을 이동한다. 이때 시간의 길이를 똑같게 한다. 그 다음에는 몸의 중심부로 옮긴다. 그리고 마지막으로 머리 중심부와 눈 사이에 집중을 한다.

"만약 당신이 매 실천 때마다 더 오랜시간 동안 이러한 방법으로 집중을 하고자 한다면, 2주나 3주 동안 하루에 30분씩 에너지 중심부에 집중한다. 그러면 확실한 체험이 일어날 것이다. 아마도 녹색 혹은 밝은 흰색, 또는 빨간색, 오렌지색, 파란색, 혹은 혼합된 색깔들이 나타날 것이다.

다른 여러 사물들을 보거나 여러 가지의 다양한 느낌의 색(色)들을 볼 것이다. 아니면 매우 높은 음조(音調)의 소리를 듣게 될 것이다. 이러한 경험이나 다른 어떤 경험이라도 하게 된다면 너무 의지하거나 매혹되지 말라. 단순히 그것들이 일어나도록 내버려 두라. 그리고 가능한 그 감각들을 퍼지게 하여라."

너무나 많은 생각들이 당신의 잠을 이루는 것을 어렵게 한다면, 2주 동안 매일 밤 30분 정도 심장부를 가볍게 집중한다. 이때는 아무것도 생각하지 말고 동작이 끝난 후에도 생각하지 않는다.
즐거운 느낌의 특성으로 발전될 때까지 깊게 확산시키면서 그 느낌을 심장 중심으로 옮겨간다. 느낌을 점점 더 계속해서 확산한다. 마치 이 세계에는 아무것도 없고, 오로지 당신의 느낌만 있는 것처럼 말이다.

옴 아 훔 (Om Ah Hum)

매트나 방석 위에 가부좌로 앉는다. 코와 입을 통하여 부드럽게 호흡한다. 머리 중심부의 정수리에서는 '옴'을, 목 중심부에서는 '아'를 그리고 심장 중심부에는 '훔'을 느끼면서 만트라 '옴 아

훔' 을 생각한다. 만트라를 마음 속으로 아주 천천히 읊조리기 시작
한다.

이제 두 손을 양 무릎에 올려 놓으면서 조용하게 '옴'을 읊조린
다. 천천히 두 손을 손바닥이 위로 향하게 하여 자신의 배 앞쪽에
놓는다. 그리고 오른쪽 손가락들을 왼쪽 손가락 위로 얹어 요람 모
양을 만든다.

엄지손가락들은 약간 들어올려 그림과 같이 서로 맞붙인다. 이
자세에서 속으로 '아' 를 읊조린다. 그 다음에 천천히 손을 풀어서
손바닥이 위로 향하게 하여 무릎 위에 얹는다. 그리고 조용히 '훔'
을 읊조린다.

손을 무릎 위로 약간 올려 방향을 바꾸어 주므로써 새로운 순환
을 시작한다. 이때 '옴'을 읊조린다. 이러한 손의 움직임과 만트라
의 마음 속에서의 읊조림을 결합시키면서, 25분 동안 평온한 순환
을 계속해서 행한다.

호흡과 읊조림과 동작이 하나가 되도록 한다. 동작이 모두 끝나
면 일깨워진 감각들을 확산시키면서 5~10분 동안 조용히 앉아 있
는다. 그리고 하루 동안 만트라 '옴 아 훔' 을 기억한다.

건전한 생명력

등을 곧게 세우고 균형을 이루어 똑바로 선다. 두 팔은 몸의 양옆에 편안히 이완시킨다. 그리고 발은 편안한 거리로 벌려준다. 이 때 양 발끝은 바깥쪽으로 약간 틀어준다.

팔꿈치를 굽히고 가능한 두 손은 양손은 가능하면 겨드랑이 아래에 가까이 하여 몸의 양 옆에 편편하게 놓는다. 이때 손가락은 똑바로 아래를 향하게 한다. 이 동작이 처음에는 약간 어려울 것이다. 그러나 옆구리를 너무 세게 누르지 않는다.

코와 입을 통하여 숨을 깊게 들이마신다. 그리고 부드럽고 조용히 호흡을 멈춘다.

가슴의 느낌에 가볍게 집중 한다. 배의 긴장은 풀고 엉덩이에는 약간 긴장을 준다. 호흡을 멈추고 있는 동안 무릎을 약간 굽힌 상태로 있는다. 이때 팔에 고통을 느낀다면 가능한 깊게 그 느낌 속으로 들어간다.

이제 천천히 숨을 내쉰다. 그리고 동시에 다리를 쭉 뻗어 몸을 세우고 손은 편히 쉴 수 있도록 옆구리로 미끄러지듯이 내려준다. 손은 가능한 몸에 밀착시킨다.

2~3분 동안 조용히 서 있거나 앉아 있는다. 이때 호흡은 코와 입으로 부드럽게 하고, 몸 속에 감각들을 확산시킨다. 지금쯤 가슴과 뒷목이 뜨거워지는 것을 느낄 것이다.

이러한 동작은 세 번 행한다. 동작을 반복하고 난 후 잠깐동안 서 있거나 앉아 있도록 한다. 동작을 모두 끝마치면 생성된 느낌들을 계속해서 확산시키면서 5~10분 동안 조용히 앉아 있는다.

머리가 더 맑아질 것이다. 그리고 심장은 좀 더 열리고, 감각은 더욱더 생동감을 얻게 될 것이다.

신체의 에너지

　팔을 편안히 내리고 등을 바닥에 대고 눕는다. 두 다리는 골반 넓이로 벌린 후 동시에 무릎을 구부린다. 그리고 발은 바닥에 편편하게 놓는다.

그림과 같이 양 손바닥을 마주보게 하면서 두 팔을 서서히 천장을 향해 올린다. 그리고 다리를 가능한 바닥으로부터 많이 떨어뜨려 높이 올리면서 가슴 가까이로 향한다. 골반을 몸 쪽으로 굴려주는 자세이다. 허리선의 등은 바닥에서 떨어질 것이고 두 팔은 약간 벌어질 것이다.

이제 팔은 위로 향한 채 골반과 발이 바닥에 닿을 때까지 서서히 등을 아래로 굴려준다. 코와 입으로 편안하게 호흡한다. 몸을 굴려주므로써 생기는 느낌들을 확산시키면서 계속해서 동작을 세 번 반복한다. 코와 입으로 부드럽게 호흡하면서 이제는 6~9번 재빨리 움직인다.

이제 두 다리를 동시에 곧게 뻗으면서 내린다. 그리고 팔은 편안하게 몸 옆으로 내리고 바닥에 편히 누워서 2~3분 동안 조용히 느낌을 계속해서 확장시킨다. 그리고 자신의 몸 속과 주변으로 그 느낌들을 확대시킨다.

이러한 동작을 세 번 행한다.(우선 3번은 천천히 구르기를 하고 그 다음에 6~9번은 재빨리 구른다) 등은 매 반복마다 쉬게 하며 전체적인 연속동작의 마지막에는 편안히 누워서 쉬도록 한다.

이 동작은 아랫배의 긴장을 풀어주고 안도의 감정을 갖게하여 온 몸을 상쾌하게 만들어 준다.

자극과 변환 에너지

2 단계

2 단계

이 실기들은 두 손과 손목, 팔, 가슴 어깨, 등, 허벅지, 다리, 발가락을 포함한 신체의 많은 특이한 부분 속으로 에너지가 활동할 수 있게 한다.

우리가 동작을 행하면서 온 몸이 전체적으로 이완될 때까지 몸의 어느 특별한 곳에서 깨어난 감각들을 세분화하여 확산시키는 것이다. 당신은 척추 부근의 근육들을 늘려주는 이러한 동작들이 특히 기쁨의 느낌들을 만들어 내고 있다는 것을 알 수 있을 것이다.

동작이 하나의 뻗기(스트레칭)를 동반할 때 호흡은 부드럽고 고르게 행하면서 가벼운 느낌의 특성으로 서서히 발전시킨다. 그 뻗어지며 이완되는 느낌 속으로 편안히 들어가도록 한다. 몸을 너무 많이 뻗지 않도록 주의한다.

호흡은 부드럽게 하고 몸 전체의 섬세한 긴장들을 풀어주면서 하나의 자세를 유지한다는 것을 기억한다.

만약 호흡이 어렵다면 날숨을 세어서 시간을 측정한다. 몸이 가벼워지는 특성을 명상으로 이끌어 그 느낌들을 확산시킨다. 그리고 아주 천천히 억제된 긴장을 방출시킨다.

만약 몸과 마음 속에 조여져 있는 곳을 발견하면 머뭇거리지 말고 그곳을 부드럽게 이완시킨다. **동작 53**과 **동작 55**는 음식을 섭취하므로써 그 긴장을 풀어주어도 상관없다.

쿰니를 계속해서 수행하면 에너지가 끊임없이 순환한다. 느낌으로 온 몸을 채울 때까지 에너지는 온 몸을 고루 흐르도록 자극하면서 긴장을 점차적으로 녹여준다.

뻗음과 확신의 형성

　매트나 쿠션 위에 가부좌를 하고 앉는다. 손가락은 쭉 뻗어 앞쪽을 가리키면서 손바닥을 맞대어 눌러준다. 그리고 손의 뒷부분으로 가슴의 중앙을 눌러준다.

손바닥을 서로 단단히 눌러주면서 손가락과 엄지손가락을 서로 분리시킨다. 그리고 나머지 손가락들을 천천히 계속해서 분리되도록 움직인다. 가능한 손가락을 많이 벌려 준다. 이때 팔꿈치는 바깥쪽을 향하게 하고 어깨는 아래로 내려준다.

이 동작을 할 때, 손바닥을 서로 눌러주고 배의 긴장을 풀어준다는 데 유의한다. 뒷목이 약간 뻣뻣해질 것이다. 코와 입으로 호흡을 하면서 손바닥이 뜨거워질 때까지 이 자세를 3분 동안 유지한다. 그리고 나서 감각들이 깨어남을 느끼면서 아주 천천히 긴장을 풀어준다.

이제 손가락들과 엄지손가락을 가능한 더욱 많이 벌린다. 이러한 자세는 5분 동안 유지하며 위와 같은 동작을 반복한다. 그리고 5분 후에 긴장을 서서히 풀어준다.

지금부터 두 손을 두 눈으로 가져간다. 그리고 뜨고있는 눈에 빛이 들어가지 않도록 손으로 덮는다.(이때 눈을 직접 건드리지 않는다) 에너지의 내부를 서서히 눈을 뜨면서 부드럽게 지켜본다.
무언가를 느낄 수 있겠는가? 온기나 에너지의 흐름의 감각이 있을 것이다.

이제 호흡을 코와 입으로 부드럽게 골고루 하면서 두 손으로 만든 어두운 동굴을 강하게 응시한다. 일단 손바닥이 뜨겁게 달아올랐으면 10분 정도 혹은 조금 더 어두움을 응시할 수 있다.

당신은 조그마한 별들과 떨림, 색(밝음과 어두움)을 느낄 수 있을 것이다. 그리고 아주 즐거운 느낌을 갖게될 것이다.

5~10분 후에 천천히 두 손을 무릎으로 내린다. 그리고 주변을 천천히 부드럽게 둘러본다.

지금 무엇을 느끼는가?

당신의 시야에 어떤 특별한 특성이나 감각이 있는가?

뜨거워진 손바닥은 신체의 다른 부분에 온기를 전달할 수 있다. 다음 장의 두 가지 제안을 자신의 몸에 시험해 보자.

다시 두 손바닥에 열을 낸다. 그리고 5분 동안 가만히 있는다. 한 손은 가로로 하여 가슴 위에 놓고 다른 한 손은 가로로 등 중앙에 놓는다. 손 전체를 몸과 밀착하도록 한다. 마치 당신은 피부가 없는 사람처럼 온기가 가슴과 척추를 관통하는 것을 느낄 것이다.

2~3분 후에는 한 손은 이마에 다른 손은 뒷머리로 가져간다. 그리고 몸 속의 느낌들을 계속해서 자각하도록 한다.

동작43 에너지의 흐름

　등을 곧게 펴고 매트나 방석 위에 가부좌로 앉는다. 손바닥은 아래로 향하게 하고서 바닥과 대충 평행을 이룰 때까지 팔꿈치를 들어 올린다. 팔꿈치로 옆구리를 가볍게 눌러준다.

코와 입으로 고르게 호흡하면서 어깨를 살짝 올리고 멈춘다. 그리고 이때 가슴의 긴장은 풀어준다.

각 손의 손가락들과 엄지손가락은 서로 붙인 상태를 유지시키고 천천히 손목을 구부려서 손가락들이 바닥을 향하게 한다. 이렇게 구부리면 손의 모양은 하나의 아치형이 된다.

몸의 긴장을 풀어주면서 1분 동안 가만히 있도록 한다. 그리고 긴장을 방출하면서 구부린 손을 천천히 올린다. 손과 팔, 그리고 뒷목에 자극되었던 느낌들을 자각한다. 에너지가 손목과 팔을 지나 심장 중심과 척추로 흘러들어 가는 것을 느낄 것이다. 어떤 감각이든지 느껴지는 것이 있으면 최대한 확산시킨다.

이제 두 손을 무릎에다 내려놓고 잠깐 동안 쉬도록 한다. 그리고 동작을 반복한다. 이번에는 팔꿈치 아래(아래팔)와 더 평행이 되도록 손목을 더욱 구부려 준다. 그리고 1~5분 동안 그 상태를 유지한다.

각각의 반복마다 잠깐씩 쉬면서 동작을 3~9번 반복한다. 마지막에는 몸 전체로 퍼지는 우주의 감각들을 확산시키면서 5~10분 동안 조용히 앉아 있는다.

몸 에너지의 자극

　매트나 방석 위에 가부좌를 하고 앉아 오른쪽 팔꿈치를 구부려서 손이 천장을 가리키도록 한다. 그 상태에서 바로 손바닥은 주먹을 쥐고 얼굴과 마주하게 한다.

156

왼쪽 엄지손가락과 가운데 손가락을 오른쪽 팔꿈치의 주름진 곳의 양 끝 부분(상권 p.168 〈그림 5〉의 점 5와 6)에 정확히 놓는다. 오른쪽 팔꿈치를 왼쪽 손바닥으로 지탱하여 감싸주는 형태이다.

오른쪽 팔꿈치를 단단히 잡는다. 이때 엄지손가락과 가운데 손가락으로 강하게 눌러준다. 팔꿈치 관절에 단단하고 강한 감각을 느낄 것이다.

이제 오른손이 머리와 거의 같은 높이에 오도록 팔꿈치를 약간 올린다. 왼손의 엄지손가락과 가운데 손가락으로 계속해서 오른쪽 팔꿈치를 강하게 눌러주면서, 아주 천천히 몸통과 팔을 오른쪽으로 틀어준다. 이때 시선은 앞을 향한다. 그리고 약 30초 동안 머물러 있는다.

목에는 긴장을 풀어 주면서 코와 입을 통하여 아주 가볍게 호흡한다.(계속해서 시선은 앞을 향해 있도록 한다) 호흡을 통하여 좀 더 많은 에너지를 가져오도록 한다.

가능한 멀리 오른쪽으로 몸을 틀었다가 바로 돌아와서 다시 30초 동안 머물러 있는다. 이러한 방향감각으로 움직임을 인식한다.

이제는 감각들이 온 몸으로 퍼져나가도록 하면서 아주 천천히 누르고 있던 엄지손가락과 가운데 손가락을 팔꿈치에서 풀어준다. 그리고 양손은 무릎 위에 내려 놓는다. 몸 속에 그 느낌들을 계속해서 확장시키면서 몇 분 동안 조용히 앉아 있는다. 지금쯤 가슴이나 심장 중심이 자극되는 것을 느낄 것이다.

이제 팔의 자세를 반대로 하여 그 동작을 왼쪽에도 반복한다. 그리고 반복 후에는 잠시 쉰다. 이러한 동작을 3~9번 행한다.

마지막 동작 후에는 느낌을 팽창시키며 5~10분 동안 조용히 앉아서 쉬도록 한다.

치료 에너지

매트나 방석 위에 가부좌를 하고 앉아 양손은 무릎 위에 얹는다. 천천히 왼쪽 어깨를 가능한 높이 올리고 오른쪽 어깨를 가능한 많이 내린다.

왼쪽 어깨가 올라갔을 때 왼팔은 가능한 쭉 뻗어 주고 왼손으로는 계속해서 다리를 누르고 있다. 또한 오른쪽 어깨가 좀 더 낮춰질수록 오른쪽 팔꿈치를 살짝 바깥쪽으로 움직인다.

머리를 어깨 사이에 고정하면서 얼굴은 똑바로 앞을 향한다. 아마 왼쪽 어깨가 왼쪽 귀에 가까워지거나 닿으려고 할 것이다. 이때 너무 머리를 어깨쪽으로 기울이지 않는다.

양어깨가 어느정도 분리되었다고 생각되면 2~3초 동안 긴장을 풀어주고 나서 천천히 어깨를 더 벌리며 위로 올려준다.

아랫배의 긴장을 풀어준다. 그리고 어깨가 자연스럽게 구부러지도록 한다. 코와 입으로 편안히 호흡하면서 목의 긴장을 풀어준다. 이러한 동작을 통하여 긴장을 푸는 것이 중요한 것이다. 3~5분 또는 그 이상을 유지한다.

이제 점차적으로 아주 느리게 어깨를 정상적인 자세로 되돌린다. 최소한 1분 동안의 시간을 소요한다. 앞 동작의 진행 속도를 기억하면서 가능한 천천히 움직인다.

느낌이나 감각 그리고 자각 사이의 연결점들을 인식한다. 지금쯤 당신은 등과 뒷목에서 어떤 상쾌한 온기를 느낄 것이다.

이제는 오른쪽 어깨를 가능한 높이 올리고 왼쪽 어깨를 아래로 내린다. 이와 같이 어깨의 자세를 반대로 하여 동작을 반복한다.(처음에는 한쪽 다음에는 다른쪽을 반복한다)

이러한 완전한 동작을 양쪽 모두 행하며 세 번 실시한다. 마지막에는 당신의 느낌들과 감각들을 확산시키고 심화하면서 5~10분 동안 조용히 앉아 있는다.

이 동작은 어깨와 목, 머리, 가슴 그리고 등에 에너지를 자극한다.

풍성한 만족

　손은 무릎 위에 얹은 상태로 매트나 방석 위에 가부좌를 하고 앉는다. 그림과 같이 손목을 구부려 손바닥은 앞을 향하게 하며 손을 어깨 높이 만큼 들어준다.

어떤 큰 힘이 당신의 손을 밀고 있다고 상상한다. 그리고 천천히 그것을 밀어낸다. 강한 긴장이 손과 팔에 생기도록 한다. 그러나 배와 등 아래의 긴장은 풀어준다.

호흡은 코와 입을 통하여 편안하고 가볍게 한다. 팔을 계속해서 앞으로 하여 완전히 뻗으며 힘을 주어 밀어낸다. 이때 손과 팔은 긴장으로 흔들릴 것이다.

그 다음에는 손과 팔에 더욱 긴장하여 마치 그 힘이 조금 전보다 더욱 강력한 것처럼 느낀다. 배에 긴장을 푼 상태로 척추와 목과 가슴을 편안하게 세운 다음 에너지가 증가 되도록 계속해서 밀어낸다.

이제 당신의 팔, 가슴 그리고 신체의 감각들을 서서히 느끼면서 그 긴장을 천천히 풀어 준다. 약 1분 정도를 소요하며 몸의 다른 부위도 인식한다. 이러한 방식으로 풀어진 긴장에 의해 자극된 느낌들을 계속해서 확산시키면서 천천히 손을 무릎에 내려놓고 잠깐 동안 쉰다.

매 반복마다 쉬면서 동작을 세 번 반복한다. 몸 속에 감각을 확산시키며 5~10분 동안에 조용히 앉아 있는다.

당신은 가슴과 등의 위쪽이 열리는 것을 느낄 것이다. 그리고 호흡은 더욱 더 트이고 자유롭게 흘러가는 것을 느낄 것이다.

이 동작은 팔의 근육을 증강시키며 상체의 긴장을 풀어준다.

매트나 방석 위에 가부좌를 하고 앉는다. 그리고 팔꿈치는 구부
려 그림과 같이 몸의 양옆에 가까이 놓는다.
　팔의 아랫부분(아랫팔)을 수직으로 하여 세로로 놓고 손바닥은 앞쪽을 향하게 한다. 이때 누군가의 강한 힘이 자신을 밀고 있다고 상상한다. 아마 당신은 밀리지 않으려고 더욱 강한 힘이 들어갈 것이다.

계속해서 긴장된 상태로 팔과 어깨를 아주 천천히 뒤로 움직여 준다. 그러면 손가락들은 떨릴 것이다. 척추, 목, 가슴은 곧게 펴고 아주 조용히 이 동작을 최소한 1분 동안 행한다.

이러한 동작은 에너지를 증가시키는데 도움이 되며 배와 등 아랫부분의 긴장을 풀어준다.

긴장을 풀어주고 나면 팔을 양옆으로 하여 수평을 유지하며 앞쪽으로 이동한다. 이 동작을 행할 때, 자기 자신의 심장 내부를 들여다 본다고 생각한다. 그리고 매 순간 일어나는 미묘한 변화를 느낄 수 있도록 감각의 인식을 민감하게 만든다.

당신은 구원의 느낌과 같은 깊은 만족스러움과 진정한 존재를 느끼게 된다. 아마도 그곳에는 심장 주위의 깊은 이완의 감각과 모든 근육이 용해되는 하나의 특성이 있을 것이다. 지금쯤 척추에 뜨거움이나 냉기를 느낄 것이다.

이제 천천히 손을 무릎에 내려놓고 1분간 쉰다. 그리고 계속해서 감각들을 확산시킨다. 이와같은 동작을 세 번 행하며 매 반복마다 잠깐씩 휴식한다. 이완의 부드러움을 느끼면서 마지막에는 5분이나 그 이상을 앉아있도록 한다.

이 동작을 계속해서 실천할 때는 팔과 어깨를 뒤로하는 자세를 더 오랜 시간동안 유지한다. 그리고 긴장을 풀어줄 때는 팔을 더욱 천천히 내려 준다.

　이 동작은 앞의 동작과 마찬가지로 팔의 근육을 증강시키며 상체의 긴장을 풀어준다.

동작48 내부 마사지

  매트나 방석 위에 두 손을 무릎 위에 얹고 가부좌를 하고 앉는다. 하체는 가능한 긴장을 풀어주면서 척추 가장자리에 있는 큰 근육을 조일 수 있도록 어깨를 각각 뒤로 움직여 준다.

자극과 변환 에너지 **167**

이 자세에서 천천히 어깨를 가능한 높이 올린다. 이때 목을 천천히 아래로 내려준다. 그리고 턱은 가슴 가까이 당겨준다.(목을 약간 아래로 밀어주는 식으로 행한다)

등골뼈가 아래의 천골(엉치등뼈)에서부터 계속해서 위로 올라가는 것을 느낀다. 아래의 척추 근육들을 마사지하면서 어깨뼈를 천천히 아래로 내린다. 이제 천천히 그 느낌들을 확장시키면서 긴장을 풀어준다.

이번에는 동작과 호흡을 통합하면서 동작을 다시 반복한다. 어깨를 올릴 때에는 숨을 들이 마신다. 조여지는 복근 근육이 위(胃)를 약간 누르면서 잠깐동안 가슴에서 호흡을 멈춘다.

그리고 어깨가 많이 올려져 정상에 다다를 때 숨을 내쉬기 시작한다. 날숨으로 거의 소리없이 천천히 그리고 매끄럽게 숨을 내쉰다. 이 동작을 3~9번 반복한다. 그리고 5~10분 동안 조용히 앉아 있는다.

이번에는 변화를 시도해 보자. 어깨뼈를 앞뒤로 각각 움직인다. 그리고 가능한 어깨를 천천히 올린다. 동시에 턱은 가슴 가까이로 당기면서 목을 천천히 아래로 내린다.

그리고 나서 마치 누군가가 정수리로부터 끌어당기는 것처럼 머리를 올리면서 아주 천천히 긴장을 풀어준다. 그리고 동시에 어깨를 아래로 내린다. 이때 머리의 움직임이 위로 향하는 데 집중을 한다.

등골뼈의 전 길이를 따라 위로 향하여 뻗어지는 것을 느낀다. 지금쯤 몸이 가벼워지며 몸의 중심에서부터 온 몸으로 에너지가 퍼지는 것을 느낄 것이다. 그리고 등골뼈의 중앙에는 치료되는 느낌이 작용하여 특별한 에너지와 온기를 느낄 것이다. 이것이 변형된 척추 마사지다.

이 동작을 아주 천천히 세 번 반복한다. 그리고 감각과 느낌을 확장시키며 5~10분 동안 조용히 앉아 있는다.

자극하는 생명 에너지

　매트나 방석 위에 두 손은 무릎 위에 편안하게 놓고 가부좌를 하고 앉는다. 그림과 같이 몸은 앞으로 굽히지 말고 척추를 약간 아치형의 활 모양으로 보이게 만든다. 이때 배는 척추에 달라붙도록 편편하게 한다. 그리고 척추뼈(척추를 구성하는 뼈)가 분리되어 밀리는 것처럼 등 가운데의 척추를 바깥으로 약간 밀어준다. 척추에 이러한 동작을 행한다는 것은 상당히 미묘한 것일 수 있다.

두 손의 긴장을 풀어주고 머리는 약간 낮춘다. 반면에 가슴은 위로 유지한다. 호흡은 코와 입으로 부드럽고 고르게 쉬면서 3~5분 동안 가만히 있는다. 그리고 등 가운데 척추뼈가 늘어나는 것에 살며시 집중을 한다.

약 3~5분이 지난 후에 따스함과 고요함이 생기면서 치료 에너지가 척추 길이 전체를 통해 흐르는 것을 느낀다. 긴장을 풀어주며 민감하면서도 즐거운 감각을 천천히 이동하면서 척추를 곧게 펴준다. 그리고 몸 속의 그 감각들을 계속 확산시키면서 1분 동안 차분히 앉아 있는다.

매 반복마다 잠깐동안 앉아있으면서 동작을 3~9번 반복한다. 마지막에는 척추로부터 흐르는 감각들을 신체의 여러 부분으로 확산시키며 5~10분 동안 조용히 앉아 있는다. 그리고 자신의 주변으로 더욱더 확대시킨다.

동작50　생명력의 자극 정수(精隨)

　두 손은 무릎 위에 얹고서 매트나 방석 위에 가부좌로 앉는다.
그리고 등은 곧게 편다. 호흡은 코와 입을 통해서 편안히 한다. 각
각의 척추 마디를 마치 가라앉는 것처럼 느끼면서 천천히 척추 마

172

디를 압축하기 시작한다.

신체의 가장 아래 부위부터 바닥으로 가라앉는 느낌이 들 때까지 계속해서 각 척추 마디마디를 가라앉히게 한다. 코와 입을 통하여 호흡을 천천히 그리고 고르게 하면서 최소한 1분 동안 이 동작을 행한다. 몸이 압축되는 감각 속으로 깊이 빠져들도록 한다.

이제는 척추의 가장 아랫부분에서부터 시작하여 척추 마디마디를 느끼면서 마치 뼈 속의 공간이 열리는 것처럼 척추뼈를 서로 떨어뜨려 올리기 시작한다.

그 공간들의 경계선이 없어질 때까지 확장시키고 함께 흘러가도록 하면서 동작을 천천히 행한다. 이 미묘한 호흡 에너지가 내부로 들어가서 거대하고 확장된 공간의 일부가 되도록 한다.

목 부분의 척추를 위로 올릴 때에는 정수리가 하늘을 향해 당겨지고 있다고 상상한다. 목을 살짝 위로 뻗었을 때 공간이 확장되는 것을 느낀다. 이완의 특이한 특성을 맛본다. 그리고 감각들을 확산시키면서 3~5분 동안 조용히 앉아 있도록 한다.

이러한 동작은 세 번 행하며 매 반복 후에는 2~3분 동안 쉬도록 한다. 동작이 모두 끝나면 5~10분간 조용히 앉아 느낌을 확장한다.

동작51 존재와 에너지

    마루나 바닥 위에 앉아 두 손바닥을 엉덩이 가까이 대고 왼쪽 다리는 굽히고 오른쪽 다리는 앞으로 쭉 뻗고 앉는다. 발가락이 자신의 머리쪽을 향하도록 오른쪽 발목을 굽힌다. 그리고 가능한 왼쪽 무릎을 바닥에 댄 채로 왼발을 오른쪽 무릎 안쪽에 놓는다.

두 다리가 거의 흔들릴 때까지 왼발로 오른쪽 무릎을 밀고 오른쪽 무릎으로 왼발을 밀어 준다. 아마 오른쪽 무릎으로 미는 것보다는 왼발로 미는 힘이 더 강할 것이다.

이러한 자세로 30초~1분간 긴장을 하는데, 단 배의 긴장은 풀어주고 호흡은 코와 입을 통하여 편안하게 한다.

이제 아주 천천히 두 다리를 쭉 뻗어 긴장을 풀어주며 휴식한다. 이때 몸 속의 감각들을 확장시킨다.

지금부터는 다리의 자세를 반대로 하여 앞의 동작을 반복한다. 처음에는 한쪽 다음에는 다른쪽에 세 번씩 완전한 동작을 실시한다. 동작이 모두 끝나면 5~10분 동안 조용히 앉아 느낌과 감각을 계속해서 확장시킨다.

이 동작은 무릎과 발의 압점을 촉진시켜 준다.(상권 p.182 〈그림 7〉과 p.188 〈그림 8〉을 참조한다) 특별히 그 압력을 풀어줄 때는 느낌의 섬세한 특성이 스며들어 확산되도록 하며 호흡과 인식과 감각을 통합한다.

자극을 주는 건강한 느낌

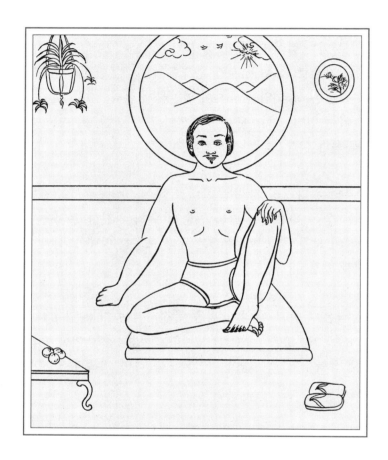

마루 바닥에 맨발로 가부좌를 하고 앉는다. 두 다리는 느슨하게 엇갈려 놓는데 오른쪽 다리를 왼쪽 다리 바깥에 놓는다.

왼손은 주먹을 쥐고 집게손가락과 엄지손가락을 바닥에 댄 채 주먹을 들어준다. 이 자세에서 왼팔이 몸을 지탱할 수 있도록 주먹을 약간 자신의 뒷편에 놓는다.

이제 오른쪽 무릎을 세우고 오른발을 왼발에 포개어 놓는다.(오른쪽 발뒤꿈치는 왼쪽 발바닥의 움푹 패인 곳에 얹는다) 그리고 오른손은 오른쪽 무릎 위에 놓는다.

상체를 약간 뒤로 젖힌다. 그리고 오른쪽 무릎을 마루 바닥쪽(아래로)으로 밀어주면서 동시에 왼쪽 엉덩이를 위로 올린다. 이제 바닥에 대고 있던 오른쪽 발가락을 세우며 천천히 몸을 비스듬한 상태에서 앞뒤로 흔들어 준다. 발가락을 너무 많이 뻗지 않는다. 멈추지 말고 계속해서 몸을 흔들어 준다.

동작을 행하면서 양쪽 발바닥의 움푹 패인 부분이 마사지된다는 것을 인식한다. 만약 몸을 지탱할 때 주먹 쥐는 자세가 어려우면 바닥 위에 손바닥을 편편하게 대고 실천한다. 또한 손의 위치도 몸으로부터 다양한 거리를 두어가며 시도해 본다. 손의 거리가 몸과 가까울수록 느낌은 더 강할 것이다.

이러한 방법으로 발가락 스트레칭과 발바닥 마사지를 행한다. 이제 팔과 다리의 위치를 바꾸어서 똑같이 동작을 반복한다. 이 동작을 3~9번 반복한다. 동작이 모두 끝나면 5~10분 동안 조용히 앉아서 긴장을 풀어 준다. 그리고 자극받은 압점에 의해 생성된 감각들을 확장시킨다.

변화하는 부정 에너지

　매트나 방석 위에 두 손을 무릎 위에 얹고서 가부좌를 하고 앉는다. 그리고 두 눈은 긴장을 푼 상태로 감으며 자기 몸에서 꽉 조여지고 불편하다고 느끼는 곳이 있다면 온기와 감미로운 부드러움을

느끼도록 한다. 그러면 느낌은 섬세하게 받아들여질 것이다.

처음에는 그곳에 집중을 한다. 다음에는 여전히 그 섬세한 느낌의 특성을 경험하면서 집중을 덜 하도록 한다.

자신의 내부의 감각으로 그 느낌들에 귀를 기울인다. 그러한 느낌은 심장, 목, 등 뒷목의 아래 위, 손, 피부 등 자신이 억제하거나 조일 수 있는 곳은 어디든지 집중한다.

이러한 감각은 몸의 모든 세포를 이완하는 것이며 아무것도 억제하지 않는다. 이마로 긴장의 흐름을 흐르게 하며 눈과 귀 주위를 이완시킨다.

계속해서 섬세한 에너지들이 흐르며 몸 안에서 새로운 길을 찾도록 한다. 당신의 집중의 느슨함이 하나의 느낌의 특성이 되도록 하며 마치 매우 가볍게 헤엄치고 흔드는 것처럼 아주 밝은 곳에서 동작의 감각이 계속 증가하도록 유지한다.

그 감각의 한계를 넘어서 더 깊게 들어가며 그 느낌을 확장시킨다. 마침내 느낌 외에는 아무 것도 없고, 마음과 감각이 하나되게 될 때까지 그 느낌을 더 확장시킨다. 생각과 개념, 그리고 느낌들이 함께 스며들도록 한다. 그리고 마음과 감각들이 서로 일치되어 전체적으로 스며들면서 함께 흘러가도록 한다.

처음에는 일주일 동안 하루에 한 번이나 두 번 하되 한 번에 20분 동안 집중한다. 그리고 나서 좀 더 깊이 있게 하고 싶어지면 한 달 동안 하루에 한 시간씩 자신의 내부에 계속해서 귀를 기울이고 집중하여 이러한 섬세한 느낌들을 계속 팽창시키도록 한다.

동작54   자극을 주는 신체 내부 에너지

　등과 목을 곧게 세우고 균형을 잡고 똑바로 선다. 그리고 두 발은 편안한 거리로 벌리고 선다. 손바닥은 아래로 향하게 하고서 오른팔을 어깨 높이로 오른쪽으로 천천히 쭉 뻗는다.

왼손으로는 오른쪽 어깨와 겨드랑이와 연결된 근육을 거머쥔다. 이때 당신은 손가락들을 겨드랑이에 대고서 엄지손가락으로 가슴의 오른쪽 말단의 압점을 누르도록 한다.(상권 p.168 〈그림 5〉의 점7 이다)

근육을 단단히 잡고서 가슴 위쪽과 안으로 밀어준다. 팔을 쭉 뻗은 상태로 손바닥을 아래로 하고서 아주 천천히 가능하면 가장 큰 원을 그려 회전시킨다. 코와 입으로 부드럽게 호흡을 하며 똑바로 앞을 바라본다.

이때 등은 곧게 펴고 머리는 움직이지 않는다. 아주 천천히 원 하나를 그릴 때마다 1분 정도의 시간을 갖고서 3~9개의 원을 그린다. 그런 다음에 방향을 바꾸는 것이 자연스럽게 느껴지면 반대의 방향으로 3~9개의 원을 그린다.

원 그리기가 끝이 나면 부동자세로 2~3분 동안 눈을 감고서 몸 속에 에너지가 흐르는 것을 느낀다. 가슴의 감각들 특히 심장과 폐 부분의 감각들을 인식한다.

이제 반대쪽 왼팔에 각각의 방향으로 천천히 원 그리기를 3~9번을 반복한다.(느린 원을 반복해서 그린다) 느낌의 정도를 다르게 생산하기 위해서 서로 다른 크기의 원을 몇 개 만든다. 그리고 나서 5~10분 동안 이 동작에 의해 자극된 감각들을 확산시키면서 조용히 앉아 있는다.

지금부터는 좀 더 다른 방법으로 원 그리기를 행한다. 오른팔을 머리 위로 곧게 올리고서 주먹을 쥔다. 왼손으로는 위와 같은 방법으로 가슴의 오른쪽 근육을 거머쥔다. 그 근육을 단단히 잡고서 가슴의 위쪽과 안으로 밀어준다. 오른팔을 곧게 뻗은 상태로 아주 천천히 가능한 가장 큰 원을 그리면서 앞에서 뒤로 돌린다.

천천히 돌리는 동안에 팔은 오른쪽 다리와 오른쪽 귀에 서 가깝게 움직일 것이다. 호흡을 편안하게 하며 배와 척추의 긴장은 풀어준다. 오직 팔에만 약간 긴장을 한다.

한쪽 방향으로 느린 원을 3~9번 그리고 그런 다음에 반대 방향으로 3~9번 천천히 원을 그려준다. 단 당신의 어깨와 등, 목 그리고 가슴의 느낌들에 각별히 주의를 기울인다.

자신의 오른팔로 원들을 다 그리고 나면, 조용히 2~3분 동안 서서 몸의 감각들을 느낀다. 그리고 나서 왼팔에도 같은 동작을 반복으로 원을 그릴 때 가능한 가장 큰 원을 그리며 몸의 옆 부분을 스치는 것을 명심한다.

그리고 코와 입으로 부드럽게 골고루 숨을 쉰다는 것을 기억한다. 동작을 다 마치고 나서는 5~10분 동안 내부 에너지의 움직임을 느끼면서 앉아 있도록 한다.

이 동작은 **동작 60**과 마사지의 실기처럼 동작과 함께 정확한 지점을 누르는 것이 결합된 자세이다. 아마도 우리는 동작을 하기 전에 만들어진 느낌들에 깊이 빠져들면서 그때 생성된 점을 누르려고 시도할 것이다. 그 다음에는 그것을 깊게 사용하면서 동작을 천천히 발전시키고 감각들을 분해하고 확산시킬 것이다.

팔을 회전시킬 때 압력의 정도를 다르게 하여 실험을 한다. 각 동작을 행하는 동안 느낌의 섬세한 변화를 따라가도록 한다. 그 압력을 아주 천천히 그리고 점차적으로 풀어주는 것을 명심한다.

변형 에너지

발을 편하게 벌리고 균형을 잡고 선다. 그림과 같이 그리고 등을 곧게 펴고 두 팔은 옆으로 하여 주먹을 강하게 꽉 쥔다. 호흡은 가슴 뒤에서 멎도록 하며 화났을 때와 같은 느낌이 생길 때까지 가슴을 조여준다.

호흡을 아주 약하게 하면서 가슴 뒤에서 멈추고 있는 그 느낌을 잃지 않도록 유지하면서 팔꿈치를 굽히고 주먹을 가슴 높이로 마주보게 한다. 그리고 주먹 쥔 손으로 손가락 마디끼리 세게 눌러준다. 이때 손의 위치는 가슴 중앙이다.

몸과 주먹을 아주 강하고 긴장되게 한다. 호흡이 복부로 내려갈 수 있도록 천천히 숨을 깊게 들이마시며 척추의 아래로부터 가슴 속까지 에너지를 끌어당긴다. 이 에너지를 호흡으로써 마치 가슴을 보호하고 있는 것과 같이 내부의 느낌을 유지한다. 그리고 에너지가 응집되도록 저지와 억제의 느낌을 가능한 많이 강화시킨다.

지금부터는 몸은 움직이지 않게 가만히 두고 갑자기, 일순간에 손바닥을 앞으로 향하게 하고 폭발 직전에 있는 응집된 모든 에너지를 풀어놓으면서 두 팔을 완전히 쭉 뻗는다.

이때 가슴에서부터 '하' 소리를 외치면서 완전히 그리고 날카롭게 숨을 내쉰다. 이 동작을 할 때에는 두 팔은 앞을 향하여 뻗고 손목을 위로 젖히는 것이 중요하다.

긴장의 신체적, 정신적 그리고 감정적인 면이 동시에 풀어진다. 팔을 쭉 뻗고 손가락을 벌린 상태로 잠깐동안 멈춰 있는다. 그리고 폭발 후에는 이러한 동작을 중지한다. 지금 무엇이 느껴지는가?

이제 천천히 팔을 옆으로 내린다. 그리고 몇 분 동안 조용히 서 있도록 한다. 각각의 반복 동작 후에는 잠깐동안 서 있도록 하면서 그 동작을 3~9번 행한다.

이 방법으로 풀린 긴장에 의해 자극된 감각들을 확산시키면서 5~10분 동안 조용히 앉아 있도록 한다. 각 동작은 이러한 방법을 반복하고 앉아 있기를 3~9번 행한다.

이 동작을 통해서 정신적 동요와 불편한 감정을 변화시킬 수 있다. 어떤 특별한 방식으로부터 에너지가 분리되면 바로 존재의 새 길이 형성될 수 있는 것이다. 피곤하고, 우울하고 소극적이거나 답답하다고 느낄 때 이 동작을 해본다. 이 동작은 앉아서도 할 수 있다.

만약 이 동작에 익숙해지면 다음의 변형된 동작을 해 보는 것이 좋다.

위에 설명한 것처럼 긴장을 풀어주고 '하'를 외치고 난 후에 잠깐 멈추어 느낌을 확산시킨다. 팔을 앞으로 쭉 뻗은 상태로 잠깐동안 가만히 있도록 하고 두 팔을 천천히 아래로 내리면서 그 느낌을 모은다.
점차 온 몸으로 퍼지도록 하면서 잠시동안 조용히 서 있는다. 두 번 반복한다. 그 느낌들을 팽창시키고 자신의 몸 속으로 끌어당겨 감각들을 계속해서 팽창시키면서 5~10분 정도 조용히 앉아서 동작을 마무리한다.

이 변형된 동작은 어떤 섬세한 내적 변형을 발달시킨다. 설명되어 있는 것처럼 처음의 방법으로 동작을 실시한다. 긴장이 풀어지고 '하'를 외치고 난 후에 잠깐동안 멈추고 쉰다.

팔을 아래로 천천히 내릴 때, 섬세한 내적 느낌이나 가슴이 호흡 속으로 용해될 때까지 호흡을 가슴 위쪽에서 멈춘다. 호흡을 위쪽으로 멈추는 것이 너무 힘들면 몸의 아랫부분의 균형점을 향하여 부드럽고 편안하게 서서히 아래로 내려준다.

이 과정을 계속하면서 그러한 감각을 느끼기가 힘들 때까지 동작을 반복한다. 이러한 동작은 세 번 행한다. 호흡의 섬세한 내적 느낌이 확산되도록 내버려두면서 10~15분 동안 조용히 앉아 있는다.

활기를 주는 호흡

발은 편안한 거리로 벌리고 등은 곧게 펴고 똑바로 선다. 팔은 긴장을 풀어 몸의 양 옆에 내린다. 팔꿈치를 벌려 손가락을 깍지껴서 뒷목에다 댄다. 이때 가슴은 높이 올린다. 그리고 코와 입으로 부드럽게 호흡한다.

　무릎을 약간 굽히고 등을 뒤로 젖혀 아치형의 상태로 목을 약간 뒤로 젖힌다. 그리고 가슴은 높여주고 몸은 긴장을 푼다. 균형을 계속해서 유지한다는 것을 명심한다.

　이제 배로 호흡을 하듯이 재빨리 2～4번을 호흡한다. 복부에서 일어나는 감각들에 집중하면서 가능한 천천히 숨을 내쉰다. 이러한 호흡으로 자신의 내부를 마사지하도록 한다.

　호흡이 혈류를 지나 신체 모든 내부 기관들 속으로 흘러 들어가서 모든 세포와 심지어는 모든 미분자들까지 생생하게 뒤덮어 감각을 이완시킨다고 상상한다. 만약에 당신이 느낄 수만 있다면 이 호흡 마사지의 섬세한 내적 특성을 최대한 느껴본다.

　동작을 3～9번 반복한다. 그리고 나서 이 내적 마사지의 감각들을 계속해서 팽창시키면서 5～10분 동안 조용히 앉아 있는다.

　이 동작은 복부의 긴장을 덜어주어 저항과 같은 부정적인 양상을 완화시켜 준다.

동작57 치료 에너지의 활성화

　다리를 약간 벌려 균형을 잡고, 등은 곧게 펴고 똑바로 선다. 그리고 두 팔은 편안하게 양쪽으로 놓는다. 손바닥은 아래로 향하게 하고서 두 팔을 옆으로 하여 어깨 높이로 뻗는다.

벽이 천장과 만나는 곳을 응시할 수 있도록 머리를 약간 뒤로 젖힌다. 이때 목에는 긴장을 풀어주며 입은 벌리고 콧구멍도 크게 벌린다. 호흡은 코와 입으로 편안하게 한다.

이제 가능한 배와 가슴의 긴장을 완전히 풀어준다. 척추의 아랫부분에 집중을 하며 엉덩이에 힘을 준다. 이러한 상태를 3~5분 동안 유지한다. 배와 가슴에 긴장을 완전히 풀어주는 것을 명심한다. 만약에 가벼운 흔들림이나 떨림으로까지 발전된다면 그 느낌 속으로 들어가서 긴장을 풀어준다. 그리고 아주 부드럽고 고르게 호흡한다.

이러한 자세를 3~5분 동안 유지하고 난 후에는 천천히 팔을 몸 옆으로 내린다. 머리는 곧게 펴고, 몸 속에 감각들을 확산시키면서 2~3분 동안 긴장을 풀고 서 있도록 한다. 매 반복마다 긴장을 풀고 서 있는 자세를 세 번 행한다. 동작으로 인해 활성화된 느낌들을 계속해서 팽창시키면서 5~10분 동안 편안한 자세로 앉아 있도록 한다.

만약 척추의 아랫부분에서 무엇인가를 느낀다면 아마도 열이 오르고 흥분되는 감각일 것이다. 그 느낌을 가능한 많이 등, 팔, 머리 그리고 온 몸에 팽창시킨다. 그렇지만 척추에서 너무 강한 열이 올라오면 동작을 멈춘다. 그 대신에 두 팔을 천천히 내리고 머리는 곧게 세우고서 몸 속에 감각들을 확산시키면서 5~10분 동안 조용히 앉아 있는다.

이 실기의 변형 동작은 무릎을 굽히면서 실시하는 것이다. 무릎을 구부리는 정도에 따라서 어떤 느낌이 생기는지 경험하도록 한다.

동작58 감각 속으로의 전송 에너지

　당신이 만약 규칙적인 동작에 익숙하지 못한 노인일 경우 이 실기는 약간 격렬한 동작이 될 것이다. 따라서 이 실기는 하지 않는 것이 좋다.

등을 바닥에 대고 누워서 손바닥을 위로 향하게 하고서 어깨 높이로 팔을 양쪽으로 벌린다. 그리고 두 다리를 골반 넓이만큼 벌린다. 양쪽 발의 발가락이 머리를 향하도록 발목을 구부린다.

그것이 자연스럽게 들어올려질 때까지 당신의 발뒤꿈치를 바닥에 미끄러지듯이 놓는다. 오른쪽 다리를 쭉 뻗은 상태로 왼쪽 다리를 들어 무릎을 구부려서 허벅지를 가슴 가까이 한다. 허벅지를 몸쪽으로 세게 끌어당겨 준다. 호흡은 코와 입으로 부드럽게 행한다.

팔과 어깨는 긴장하지 않으며 오직 다리와 발만 긴장된 상태로 15초 동안 구부리고 있는다. 그리고 나서 아주 천천히 다리를 펴주며 긴장을 풀어준다. 이러한 방식으로 긴장감을 만들어주고 완화시킨다. 자극된 감각들을 확산시키면서 다리를 쭉 뻗어주고 발은 이완시켜 준다. 잠깐동안 등을 대고 누워 쉰다.

다음은 반대로 오른쪽 발을 들어 발목을 구부리고 무릎을 굽혀 그 허벅지를 가슴 가까이에 가져간다. 위와 같은 동작을 똑같이 반복한다. 처음에는 한쪽 다음에는 다른 쪽으로 완전한 동작을 실행하는데 매 반복마다 2~3분 동안 쉬면서 세 번 실시한다.

모든 동작이 끝나면 등을 대고 누워서 5~10분 동안 쉰다. 이때 두 팔은 어깨 높이로 벌리고 손바닥은 위로 향하게 한다. 그리고 몸 속의 느낌들을 계속해서 확대하고 팽창시킨다.

이 실기의 변형 동작은 무릎을 구부려 두 허벅지로 동시에 가슴을 눌러주는 것이다. 이로써 좀 더 강한 느낌을 만들어 줄 것이다.

자극과 변환 에너지

3 단계

3 단계

〈3단계〉의 실기들은 보통 〈1단계〉와 〈2단계〉의 실기보다 훨씬 더 진전되었다. 또한 몇 가지의 동작들은 육체적으로 꽤 격렬한 것들이다. 우리는 느낌의 집중이 확실하게 자극되는 정도를 발전시킬 필요가 있다. 그러므로 이 동작들을 시도하기 전에 두 세 달 이상의 기간 동안 쿰니를 경험하면서 좀 더 심화된 과정을 할 수 있을 때까지 기다려야 한다.

그러한 준비가 되었다고 느꼈을 때, 이 실기들 중에 한 두 가지를 덧붙여 실시하도록 한다. 고급 과정으로 단계가 진행될 때 너무 서두르지 않도록 한다. 그리고 당신이 실천하게 될 마지막 열 가지 이상의 실기를 시도하기 전에 좀 더 많은 경험을 갖도록 한다. 만약 그렇지 않았다면 아마 당신은 다른 속도와 자기만의 익숙한 동작만을 행하려고 할 것이다.

우선 잘 아는 실기부터 시작하며 동작이 익수해지면 변형 동작도 시도해 본다. 처음에는 실기를 느리게 실시한다. 그리고 나서 그 느낌의 정도와 상태를 잃지 않으면서 속도를 점차적으로 내도록 한다. 그 다음에는 이전에 경험했던 다른 느낌의 특성을 더욱더 발전시킨다.

긴장되게 행했던 모든 동작은 이완시킬 수 있고 느슨하게 행했던 모든 동작은 또한 긴장되게 행할 수 있다는 것을 이제는 알 수 있을 것이다. 섬세한 내적인 인식이 일어날 때 당신은 실기의 각각의 특성을 강화시키고 확산시키기 위하여 두 속도와 긴장이 어떻게 이용되는지를 발견할 것이다.

이번 단계에서의 쿰니의 실행이 당신의 내적 감각과 느낌 속으로 들어가는 열려진 마지막 여행이 되도록 한다. 당신의 몸과 정신의 통합은 균형을 이루어 훌륭한 경험이 될 것이며 바로 당신의 안내자가 될 것이다.

 매트나 방석 위에 가부좌를 하고 앉아 손은 무릎 위에 얹는다.
이때 등은 곧게 펴주고 시선은 앞을 향한다.

양 손바닥은 몸의 뒤쪽을 향하게 하고 두 팔을 천천히 어깨 높이 정도로 하여 옆으로 벌린다. 그리고 나서 앞의 그림과 같이 몸통과 거의 45도 각도가 될 때까지 팔을 내린다. 어깨는 가능한 높이 들어 올리며 턱은 안쪽으로 약간 당겨준다.

이 자세에서 당신보다 힘이 센 어떤 사람이 당신의 팔과 손을 뒤쪽으로 강하게 밀고 있다고 상상한다. 이때 손과 팔에는 밀리지 않으려고 하는 강한 긴장감을 갖게 된다. 그리고 배와 등의 아랫부분에는 긴장감을 풀어 준다.

이제 아주 천천히 손과 팔을 뒤로 돌린 다음 약간 위로 움직인다. 계속해서 팔에는 긴장감을 유지한다. 너무 강하게 그리고 억지로 행하지 않는다.

몸을 고정한 상태에서 가슴은 넓혀주고 척추는 균형을 유지한다. 이러한 동작을 1분 동안 행한다.(날숨을 10∼15회 정도 내쉬며 시간을 측정해도 좋다) 호흡은 코와 입을 통하여 부드럽고 고르게 내쉰다.

위와 같은 자세를 계속 유지하면서 이 동작으로 만들어진 느낌들을 자각한다. 그리고 가능한 많이 천천히 긴장을 풀어준다. 감각의 잔잔한 느낌이 몸 전체로 퍼지도록 내버려두면서 이제 손을 무릎에 얹고 1분 동안 쉬도록 한다.

매 반복마다 잠시 쉬면서 세 번 실시한다. 마지막으로 동작을 하는 동안 일어났던 느낌들을 팽창시키면서 5~10분 동안 조용히 앉아 있는다.

이 동작은 신체적 심리적 긴장을 풀어주며 온 몸에 감각의 흐름을 자극한다.

동작60　몸 에너지의 풍요로움

　　매트나 방석 위에 가부좌를 하고 앉는다. 그리고 어깨뼈와 만나
는 부분을 느낄 때까지 손가락으로 쇄골을 만진다. 손가락을 가볍
게 주먹 쥐고서 엄지손가락으로 쇄골의 아래쪽의 움푹 들어간 부

분을 부드럽게 눌러준다. 입을 약간 벌리면서 코와 입으로 고르게 숨을 쉰다. 그리고 천천히 턱을 밖으로 내밀며 압력이 꽤 강해질 때까지 엄지손가락의 압력을 점차적으로 증가시킨다.

자신의 감각 속으로 깊이 몰입하면서 1~3분 동안 그 상태를 유지한다. 그리고 호흡의 특성을 인식한다. 왜냐하면 호흡은 당신의 감정적 상태를 드러내기 때문이다. 자신이 느끼는 감정이나 감각들은 모두 표출시킨다.

이제는 엄지손가락에 힘을 빼고 목과 턱의 긴장을 아주 서서히 풀어준다. 감각들을 몸 전체에 팽창시키면서 손을 무릎 위에 얹고서 2~3분 동안 조용히 앉아 있도록 한다. 그리고 다시 동작을 반복한다.

만약에 자신의 내부에서 일어나는 원초적인 어떠한 소리를 알아차린다면 아마도 그것은 분노와 고통의 표현일 것이다. 그것들을 표출하여 표현하도록 한다. 이러한 상태를 유지하는 동안 당신은 입을 열어 소리내기를 원할 것이다.

다시 아주 천천히 긴장을 풀고 2~3분 동안 조용히 앉아 있는다. 지금 당신의 호흡의 특성은 어떠한가? 또한 마음의 상태는 어떠한가?

매 반복마다 2~3분 동안 쉬도록 하며 마지막에는 5~10분 동안 조용히 앉아 있는다. 이 동작은 3~9번 반복한다.

동작61 자극 내부 에너지

이 동작은 특히 목 뒤를 마사지하고 난 후에 효과적이다.

　매트나 방석 위에 가부좌로 앉으며 손바닥을 마주대고 눌러준다. 그리고 손가락 끝이 가슴의 중앙에 닿도록 손을 가슴 쪽으로 틀어준다.

숨을 들이마실 때 손을 안쪽으로 그리고 약간 위로 밀어준다.(이 것은 손으로 하는 것보다는 호흡으로 하는 것이 좋다) 그리고 턱은 안쪽 으로 당긴 상태에서 목을 약간 위쪽으로 뻗는다.

이제 호흡을 멈추고서 턱을 강하게 안쪽으로 눌러주며 목 뒷부분 도 안쪽으로 밀어준다.(서로 누르고 미는 힘 때문에 조금은 힘들 것이다) 그곳에서 따뜻한 감각을 느낄 것이다. 가능한 오랫동안 호흡을 계 속해서 멈춘 상태를 유지한다. 그리고 감각들이 척추 아래로 흘러 들어가서 몸 전체에 퍼지도록 감각을 팽창시킨다.

이제는 자신의 섬세한 내적 느낌들이 몸 전체로 방출되도록 한 다. 그리고 자신의 주변으로 퍼지도록 하면서 천천히 숨을 내쉬어 그 긴장을 풀어준다. 내면과 외부의 경계를 없애도록 한다.

자신의 내부와 주변의 느낌들을 감지하면서 2~3분 동안 조용히 앉아 있는다. 매 반복마다 잠시 쉬도록 하며 동작이 모두 끝나면 조용히 앉아 느낌을 팽창시킨다. 이 동작은 3~9번 반복한다.

정확한 자세는 정확한 에너지들을 생산한다. 이 동작에서는 어 떤 결정적이고 확실한 에너지가 온 몸에 자양분으로써 공급될 때 까지 증진시켜 준다.

동작62 기쁨의 전체성

임신중이거나 등이나 목에 상처가 있거나 혹은 수술을 한지 3∼ 4개월 이내라면 이 운동은 아주 천천히 실시하도록 한다.

매트나 방석 위에 가부좌로 앉거나 의자에 등을 대고 앉는다. 등을 받쳐주기 위해서 무릎을 세게 거머쥐며 가슴은 천장을 향해 들어 올린다. 또한 팔과 무릎 그리고 손에 강한 느낌이 오도록 손으로 무릎을 단단히 잡은 상태를 유지하는 것을 명심한다.

　등을 뒤로 젖혀 몸을 아치형으로 만들 때 입은 벌리고 턱은 천장을 향한다. 이때 머리를 계속해서 뒤로 젖혀지지 않도록 유의한다. 그 이유는 목을 너무 심하게 젖히게 되면 감각의 흐름을 방해받기 때문이다.
　코와 입을 통하여 부드럽고 고르게 숨을 쉰다. 배의 긴장을 풀수록 척추를 뒤쪽으로 젖히는 것이 쉽게 느껴질 것이다. 가슴과 척추의 느낌에 집중하면서 1~3분 동안 가만히 앉아 있는다.

　목 뒷부분에 따뜻해지는 열을 느끼면 척추는 곧게 세우고 아주 천천히 앞으로 움직인다. 긴장이 풀어지면서 열기의 감각들과 몸의 정상한도 이상의 에너지가 팽창하는 것을 인지한다.
　당신은 어떤 깊은 즐거움을 맛볼 것이다. 이러한 동작을 3~9번 반복한다. 매 반복마다 2~3분 동안 앉은 자세로 쉬며 마지막에는 5~10분 동안 쉬도록 한다.

　　매트나 방석 위에 앉아서 두 발바닥을 붙인다. 그리고 가능한 몸
과 가깝게 앞으로 잡아당겨 놓는다. 두 손을 무릎뼈 위에 놓고 팔
꿈치는 약간 올려준다. 그리고 무릎을 아래로 눌러준다.

두 팔꿈치와 어깨는 항상 같은 높이를 유지한다. 이 자세에서 등 윗부분을 약간 위로 뻗어 올린다. 그리고 목은 양어깨 사이 아래에 고정시킨다.

이제 몸을 허리에서부터 가능한 낮게 앞으로 아주 천천히 숙인 다. 이때 허벅지의 긴장은 가능한 많이 풀어준다. 코와 입을 통하 여 호흡은 부드럽게 하면서 1~3분 동안 가만히 앉아 있는다.

다시 몸의 감각들을 느끼면서 척추를 아주 천천히 펴도록 한다. 정지동작이 너무 힘들면 멈춰있지 말고 천천히 움직여 척추를 곧 게 펴도록 한다. 이 동작에 의해 자극된 감각들을 확산시키면서 잠 시 쉰다.

매 반복마다 2~3분 동안 쉬고 마지막에는 5~10분 동안 조용히 앉아 있는다. 이러한 동작은 3~9번 반복한다. 이 때 당신의 신체 내부와 주위의 감각들은 계속해서 확산시키도록 한다.

이 동작은 허벅지와 천골 그리고 척추에 억제된 에너지들을 풀어 주면서 허벅지와 등의 근육을 늘려준다.

동작64 에너지의 내적인 불멸성

　　왼쪽 무릎을 바닥에 꿇는다. 그리고 오른쪽 무릎이 가슴에 닿도록 굽히고 왼쪽 무릎의 바로 앞에 오른발을 편편하게 놓는다. 왼발을 약간 들어올려 왼쪽 발가락으로 지탱하며 몸을 세운다.

왼쪽 엉덩이가 왼쪽 발목 위에 있도록 하기 위해서 약간씩 뒤로 이동하며 앉는다.

이 동작을 하는 동안 왼쪽 발가락을 빠르고 민감하게 움직인다. 또한 발가락에 너무 많은 몸무게를 싣지 않도록 한다. 만약 발가락이 아프면 발가락이 자신의 뒤쪽을 가리키도록 발을 곧게 뻗는다.

왼손은 넓게 펼쳐서 몸의 왼쪽 바닥에 놓는다. 이때 오른쪽 손가락은 오른발과 같은 방향을 향하게 하고 왼쪽 손가락은 반대 방향을 가리키도록 한다. 그리고 팔은 곧게 편다.

왼쪽 어깨가 아래로 내려가도록 머리와 몸통을 오른쪽으로 틀어준다. 이때 턱은 오른쪽 어깨와 가깝게 하면서 천장을 향해 위를 바라본다. 호흡은 코와 입으로 고르게 내쉰다. 그리고 척추가 틀어짐으로써 생성된 감각들을 느끼도록 한다. 30초~1분 동안 그 상태를 유지한다.

자세를 조금 변화시켜 목을 왼쪽으로 틀 수 있게 천천히 목을 똑바로 세운다. 그리고 머리는 긴장을 푼 상태로 아래로 내린다.

뒤쪽으로 향해있던 왼쪽 손가락은 왼쪽 방향으로 틀어주고 왼쪽 발가락들을 세우면서 왼쪽 무릎을 들어준다. 동시에 발가락을 왼쪽으로 움직이며 왼쪽 무릎을 약간 흔들어 준다.

오른쪽 발가락들도 세울 수 있도록 오른쪽 발뒤꿈치를 들어준다. 머리는 아래로 내려진 자세에서 다리가 거의 곧게 펴질 때까지 골반을 천장을 향해 위로 올린다.

이제 팔과 다리의 자세를 반대로 하여 오른쪽 무릎을 끓고 왼쪽 발뒤꿈치를 오른쪽 무릎 앞에 놓는다. 그리고 왼쪽 손가락은 왼발과 같은 방향으로 하고 오른쪽 손가락은 반대 방향으로 향하게 하여 벌린다.

이 자세에서 두 팔은 곧게 뻗는다. 그리고 호흡은 코와 입을 통하여 부드럽게 한다. 오른쪽 어깨가 아래로 내려가도록 하면서 척추를 왼쪽으로 틀어준다.

처음에는 한쪽으로 다음에는 다른쪽으로 틀면서 완성된 실기를 실천한다. 이 동작에 의해서 자극된 감각들을 팽창시키면서 5~10분 동안 조용히 앉아 있는다.

동작 65~68은 즐거운 느낌의 특성 자극시키고 성적 에너지를 활성화시킨다. 그리고 그것들을 몸 전체에 분산시켜서 저항과 같은 부정적인 양상들을 경감시켜 준다. 그리하여 내적 에너지를 고무시켜주는 것이다.

이러한 모든 동작을 실천하므로써 다리 뒷부분의 근육이 곧게 펴진다. 대부분의 사람들이 이런 근육들이 수축되어 있기 때문에 한 동작을 할 때 그렇게 많이 뻗지 않았는데도 민감하게 반응을 한다.

이 자세들은 살짝 뻗는 것까지도 효과적일 것이다. 그러나 규칙적인 운동을 하지 않는 노인이라면 이 동작들은 시도하지 않는 것이 최상이다. 어쨌든 다리 뻗기를 천천히 편안하게 하면서 몸이 가벼워지는 것을 느끼며 부드럽게 행한다.

다른 실기를 시도하기 전에 각 실기를 완전히 탐험한다. 그리고 서둘러 행하지 않는다. 각각의 실기들은 약간씩 다른 느낌의 특성을 자극시켜 준다. 그래서 각각의 섬세한 향기에 매우 민감해지는 것이 가능하다. 여기에 소개된 동작들을 순서대로 할 필요는 없다.

동작들을 실시하기 전에 다리의 뒷부분을 마사지한다면 당신은 더 느끼고 너무 많이 뻗지 않은 것처럼 느낄 것이다.
마사지하는 방법은 등을 바닥에 대고 눕는다. 그리고 두 무릎은 동시에 굽히고 발은 바닥에 편편히 놓는다. 오른쪽 무릎을 가슴 가까이로 당긴다. 그 다음에는 허벅지의 뒷부분을 손으로 감싸 받쳐 주면서 다리를 천장을 향해 쭉 뻗는다. 다리를 이리저리 천천히 가볍게 2~3분 동안 움직인다. 그런 다음에는 처음에는 발가락을 다음에는 뒤꿈치를 천장을 향해 부드럽게 3~4번 움직여 준다.

이제 발바닥은 천장과 평행이 되도록 하고 두 다리를 붙여서 곧게 뻗는다. 그리고 두 손으로 오른쪽 허벅지 뒷부분을 꽉 잡는다. 중앙에서 바깥으로 움직이면서 가로로 허벅지의 뒷부분을 문지르고 치면서 강하게 마사지한다.
만약 다리 아랫부분에 손이 닿기가 어렵다면 머리를 들면서 발목의 뒷부분까지 마사지해 준다. 호흡이 동작과 함께 스며들도록 하며 호흡은 코와 입으로 부드럽게 한다. 그리고 오른쪽 다리를 천천히 바닥에 내려놓는다. 2~3분 동안 쉰다. 이때 마사지에 의해 만들어진 감각들을 확산시킨다. 그리고 나서 왼쪽 다리에도 마사지를 반복한다.

긍정적인 느낌의 접촉

　두 발 사이를 약간 벌리고 발끝과 발바닥의 둥그런 부분으로 쪼
그리고 앉는다.(발뒤꿈치가 약간 들리는 자세이다) 그리고 두 팔은 다
리의 앞에 놓고 손바닥은 자신의 앞쪽 바닥에 편편하게 놓는다.

이때 손가락들은 앞쪽을 가리킨다. 호흡은 코와 입으로 부드럽게 하면서 천장을 향해 위를 응시한다.

손바닥은 바닥에 편편하게 유지하면서 천천히 머리를 아래로 내린다. 그리고 무릎을 피고 너무 무리하지 않도록 가능한 멀리 골반을 들어서 천장을 향하게 한다. 그리고 발뒤꿈치는 아래로 낮추어 바닥에 닿게 한다.

양 뒷다리의 뻗침(스트레칭)을 느낀다. 너무 많이 뻗지 않도록 하면서 그 상태로 30초～1분 동안 유지한다.

이때 발과 배에 긴장을 풀어주고 머리는 목으로부터 느슨하고 편안하게 놓여 있도록 한다. 그리고 가능한 코와 입을 통하여 고르게 호흡한다. 만약 다리가 떨리거나 흔들리거든 그 흔들림속으로 들어가서 긴장을 풀어준다.

이제 아주 천천히 골반을 낮춘다. 머리와 뒤꿈치는 올리며 그리고 발가락과 발바닥의 둥근 부분(발바닥 면의 엄지발가락 뿌리의 봉긋하게 솟은 살 ; 이하 〈발바닥의 둥근부분〉으로 표기함)으로 잠깐동안 쪼그리고 앉아 있는다.

가슴을 가능한 높이면서 머리는 정면을 바라보고 굽혔던 무릎을 펴주면서 자극된 감각들을 확산시킨다. 그 다음 1～2분 동안 조용히 앉아 있는다. 이 감각들을 척추, 상체, 두 팔 그리고 머리로 확산시킨다. 감각들을 좀 더 느끼도록 한다. 그리고 온 몸의 모든 세포로 스며들도록 한다.

이러한 동작을 세 번 행하며 동작의 마무리는 5～10분 동안 조용히 앉아 그 느낌을 확산시킨다.

동작66 건강 에너지

두 발 사이를 약간 벌리고 발끝과 발바닥의 둥그런 부분으로 쪼
그리고 앉는다. 발뒤꿈치가 약간 들리는 자세이다. 주먹을 쥐고 두
팔은 다리의 바깥쪽에 놓는다.

주먹을 쥔 상태에서 첫 번째와 두 번째 손가락 마디를 바닥에 편편하게 놓는다. 그리고 엄지손가락은 서로 마주보도록 하여 바닥에 놓는다.

주먹과 엄지손가락은 바닥에 놓은 상태에서 이제 천천히 머리를 낮추고 골반은 가능한 높이 천장을 향해 올린다. 그리고 발뒤꿈치는 바닥을 향해 낮춘다. 다리 뒤가 가볍고 부드럽게 스트레칭되면서 느낌 속으로 편안히 들어간다는 것을 기억하라.

다리를 곧게 펴는 것이 너무 어렵다면 애써하려고 하지 않는다. 자신 스스로가 감각에 머물러서 섬세한 긴장을 계속해서 풀어주었을 때 이 동작은 효과적이다.

골반이 편안한 정도의 높이가 되었을 때 위를 바라본다. 그리고 코와 입으로 부드럽게 호흡하면서 30초~1분간 자세를 유지한다. 가볍게 느낌에 집중한다.

30초~1분 후에 천천히 머리는 다시 아래로 내리고 골반을 낮춘다. 그리고 발뒤꿈치는 다시 들어주며 발가락과 발바닥의 둥근 부분에 힘을 주며 세운다. 그리고 가슴을 가능한 높이면서 머리는 정면을 바라보고 굽혔던 무릎을 펴주므로써 활성화된 느낌들을 확산시킨다. 그 다음 1~2분 동안 조용히 앉아 있는다.

매 반복마다 앉아서 잠시 쉬도록 하고 마지막에는 5~10분 동안 조용히 앉아서 신체 내부와 주위의 감각들을 확산시킨다. 이러한 동작은 세 번 반복한다.

현재 에너지의 접촉

골반 넓이만큼 두 발을 벌리고서 발가락과 발바닥의 둥근 부분으로 쪼그리고 앉아서 양 무릎을 넓게 벌려 준다.

두 팔은 팔의 안쪽이 앞을 보게 틀어주고 손가락들은 뒤쪽을 향하게 한다. 그리고 손은 다리의 안쪽으로 넣어 발 바깥쪽으로 발보다 약간 떨어뜨리고 두손은 바닥에 편편하게 놓는다. 가슴은 가능한 높이면서 정면을 바라본다. 두 손은 바닥을 짚은 상태로 골반을 무리하지 않으면서 가능한 높이 올려준다.

이제 발뒤꿈치는 바닥에 내려놓는다. 목의 긴장을 풀어주고 머리는 편안하게 양어깨 사이에 고정한다. 다리의 뒷부분과 두 팔이 스트레칭됨을 느낀다. 이때 너무 심하게 뻗지 않는다. 호흡은 코와 입으로 고르게 내쉬면서 발과 배에 긴장을 풀어 준다. 이 자세를 30초~1분 동안 유지한다. 만약 다리가 흔들거리면 그 흔들거리는 느낌 속으로 들어가서 가능한 많이 긴장을 풀어준다.

천천히 골반을 낮추고 발뒤꿈치를 다시 들며 머리를 약간 들어준다. 그리고 잠깐동안 가슴을 높여준 상태에서 발가락과 발바닥의 둥근 부분을 세워 쪼그리고 앉아 있는다. 그런 다음에는 좀 더 가슴을 높이며 뻗는 자세로 활성화된 감각들을 확산시키면서 1~2분 동안 앉아 있는다.

이러한 동작은 세 번 행하며 매 반복 후에는 2~3분 동안 앉아서 쉰다. 동작의 마지막에는 5~10분 동안 조용히 앉아 신체 내부와 주변의 느낌들을 계속해서 확장한다.

동작68 기쁨의 감촉

무릎 바로 밑에 베개를 대고 양손과 무릎을 바닥에 닿게 한다. 손가락은 모두 앞을 향하게 하며 두 발을 약간 들어올려서 발가락으로 서도록 한다. 이때 자신의 몸무게를 발가락과 무릎과 그리고 손에 싣도록 한다.

손바닥은 바닥에 편편하게 놓고 팔은 곧게 뻗은 상태에서 머리를 천천히 아래로 하고 몸무게를 약간 앞쪽으로 옮긴다. 그리고 두 무릎은 다리가 곧게 뻗어질 때까지 들어올린다. 그 다음에는 발뒤꿈치를 낮추어 바닥에 닿게 한다. 머리는 목에서 느슨하게 힘을 빼도록 한다.

호흡은 코와 입으로 부드럽게 하고 스트레칭되는 다리 뒷부분의 감각들을 느끼면서 이러한 상태를 30초~1분 동안 유지한다. 이 자세에서 두 손을 자신의 몸으로 좀 더 가까이 가져오면서 스트레칭을 줄일 수도 있다.

만약에 엎드려뻗쳐 있는 상태가 힘이 든다면 다리 뒷부분에 무리가 가지 않을 때까지 조금 낮춰 준다. 시간이 지날수록 당신은 발뒤꿈치를 계속해서 바닥에 대고 있다는 것을 발견할 것이다. 결국 점차적으로 뒷다리의 당김을 덜 느끼며 스트레칭이 되는 것이다.

이제 아주 천천히 무릎을 낮추어서 베개에 댄다. 위의 동작으로 뻗어진 근육을 풀어줄 때는 몸 속에서 자극된 느낌들을 최대한 감지(感知)한다. 발의 긴장을 풀어주고 발바닥을 위로 향한 상태에서 손과 무릎은 잠시동안 쉬도록 한다. 계속해서 활성화된 감각들을 팽창시킨다.

　매 동작마다 쉬면서 세 번을 반복한다. 마지막에는 동작에 의해 생성된 감각들을 계속 확산시키면서 5분~10분 동안 조용히 앉아 있는다.

다음은 조금 응용된 변형 동작이다. 이 동작은 앞의 동작보다 조금 더 격렬하다.

아래의 그림과 같은 동작을 실천하기 위해서는 매트에 무릎을 꿇고 앉아서 왼쪽 무릎에서 자신의 발 길이 정도 되는 곳에 한 위치를 정한다. 왼쪽 다리를 들어올려서 왼발을 그 지점에 놓는다. 오른쪽 발은 약간 틀어서 발가락을 세운다.

손바닥은 자신의 앞쪽 바닥에 어깨 넓이만큼 팔을 벌려서 놓고 손가락들은 앞을 향하게 한다. 손바닥을 바닥에 편편하게 놓은 상태에서 머리는 천천히 낮춘다.

이제 오른쪽 무릎은 들어주고 오른쪽 발뒤꿈치는 바닥에 대면서 이때 두 다리를 가능한 많이 뻗어준다. 이와 같이 다리를 뻗은 상태로 30초~1분 동안 가만히 멈추어 있는다. 두 손바닥은 바닥에 편편하게 대고 있어야 한다는 것을 명심한다.

몸 속에서 부드럽게 이완된 감각들을 느끼면서 이제 천천히 오른쪽 무릎을 구부려 원래의 자세대로 매트 위에 놓는다. 그 다음에 두 발의 긴장을 풀어주고 오른쪽 발바닥을 위로 올리면서 손과 무릎은 잠시동안 편안하게 놓는다.

이제 다리의 위치를 바꾸어서 동작을 반복한다. 이러한 동작은 세 번 행하며 뻗어주는 동작을 할 때마다 잠깐동안 쉰다. 마지막 동작 후에는 자극된 느낌들이 온 몸으로 퍼지도록 내버려두면서 5~10분 동안 조용히 앉아 있는다.

이 동작의 전 과정은 아주 천천히 움직이는 것이 중요하다.

그림과 같이 허벅지를 수직으로 세우고 매트나 부드러운 베개 위에 무릎을 꿇는다. 두 발을 약간 들어서 발가락을 세운다.(만약 발

224

가락을 세우는 것이 힘들다면 발가락이 자신의 뒤쪽을 향하도록 발을 뻗어준다) 이때 너무 무리해서 무릎을 누르지 않는다. 그리고 손가락은 깍지를 껴서 팔꿈치를 벌린 상태로 목 뒤에 댄다.

호흡은 코와 입을 통하여 부드럽게 내쉬며 아주 천천히 뒤로 젖혀 아치형을 만든다.(단, 뒤로 젖힐 때 절대 무리하지 않는다) 이 자세를 15~30초 동안 유지한다. 그리고 허리의 감각들을 느낀다. 가능한 많이 목과 가슴과 배의 긴장을 풀어준다.

이제 척추를 곧게 펴고 발뒤꿈치를 뒤로하여 무릎 꿇고 앉는다. 그리고 무릎은 한쪽씩 세우면서 쪼그리고 앉는다.(무릎을 꿇은 자세에서 쪼그려 앉은 자세로 이동) 양 무릎을 넓게 옆으로 벌리면서 아주 천천히 몸을 앞으로 많이 숙인다. 양손은 계속 머리 뒤에 대고 있으며 팔꿈치를 넓게 벌린 상태를 유지한다. 이때 숙여진 머리는 목으로부터 느슨하게 한다.

호흡은 코와 입으로 고르게 내쉰다. 이완된 척추의 감각들을 느끼면서 15~30초 동안 가만히 멈춰 있는다. 그리고 나서 몸을 일으켜 등을 곧게 세우며 무릎을 꿇고 바닥에 쪼그려 앉는다.(쪼그려 앉은 자세에서 무릎을 꿇은 자세로 이동)

이제 허벅지가 수직으로 세워질 때까지 골반을 천천히 올린다. 그리고 천천히 몸을 뒤로 젖혀 아치형을 만들어 처음의 동작을 다시 반복한다. 잠시 멈춰있는 동작을 제외하고는 계속해서 연속되는 동작이다.

이 동작은 아주 천천히 세 번 행한다. 이제 척추의 감각에 잠시 집중을 한다. 동작을 완전히 실천하기 위해서는 조용히 앉아 5~10분 정도 몸의 내부와 주위의 감각들을 확산시킨다.

이 실기의 변형 동작은 손가락을 깍지껴서 머리 뒤에 놓고 실천하는 것이다. 이때 각기 다른 근육의 뻗어짐(스트레칭)에 의해 생산되는 여러 감각들을 인식한다.

이 동작은 몸 전체를 재생시켜주고 안정감을 높여주며 근육을 발달시킨다.

동작70 성스러운 에너지

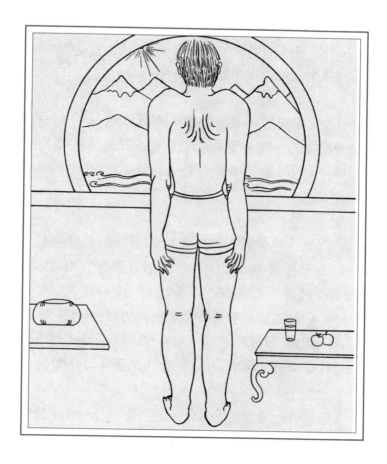

두 발을 편안한 거리로 벌리고 균형을 유지하여 똑바로 선다. 이때 등은 곧게 세우고 팔은 긴장을 풀어 편안히 내린다.

어깨뼈를 꽉 조인다는 느낌으로 가능한 많이 어깨를 뒤로 움직인다. 최대한 어깨를 뒤로 움직였다고 생각되었을 때 어깨를 조금 더 뒤로 움직여 준다.(어깨뼈와 등에 두꺼운 굴곡의 주름살을 느낄 수 있을 때까지 어깨를 뒤로 움직인다)

어깨를 최대한 뒤로 젖힌 상태를 유지하면서 약간 위로 들어 올린다. 그리고 허벅지 뒤를 두손으로 꽉 잡는다. 지금쯤 등과 두 팔 그리고 어깨가 많이 긴장되었을 것이다.

턱의 긴장을 풀어주고 목은 어깨 사이에 고정시켜 놓는다. 또한 몸의 앞부분에 가능한 긴장을 풀어주며 호흡은 코와 입으로 부드럽게 한다. 이 자세를 1~3분 동안 유지한다. 그리고 허벅지를 이완시킨다.

이제 아주 천천히 앞의 동작으로 인한 긴장을 풀어준다. 약 1분 정도를 소요한다. 몸 전체에 섬세한 느낌의 특성이 퍼지도록 하면서 두 팔을 느슨하게 하여 1~2분 동안 서 있는다.

매회 반복마다 긴장을 풀어주면서 서 있으며 이러한 동작은 세 번 행한다. 동작을 완전히 행하기 위해서는 이 동작에 의해서 활성화된 느낌들을 확산시키며 5~10분 동안 조용히 앉아 있는다.

이 동작은 내면의 중심을 움직이는 열기를 자극시키고 몸의 앞과 뒤에 흐르는 에너지를 균형있게 유지시켜 준다.

　발을 약 15cm 정도 벌리고 등은 곧게 펴서 균형을 이루어 똑바로 선다. 두 팔은 긴장을 풀고 양옆에 놓는다.

　천천히 두 팔을 옆으로 어깨 높이까지 들어올리고 손바닥은 아래로 한 상태에서 팔꿈치를 구부려 약간 올린다.(이때, 팔꿈치를 구부리는 것이 좀 힘들 것이다) 팔꿈치를 약간 구부리며 두 눈을 감는다. 그리고 심장 중심에 집중한다.

몸 전체가 심장으로부터 피가 공급되는 것을 감지한다. 심장 중심부의 에너지를 피를 통하여 바깥으로 내보내면서 느낌을 깊게 확산시킨다.

아주 가볍고 고르게 코와 입을 통하여 호흡한다. 그리고 조용히 서서 이 자세를 10분 동안 부드럽게 유지한다. 2~3분 후에 어깨뼈 윗부분의 근육들을 가볍게 늘어뜨려 준다. 아마도 자세를 유지하기가 훨씬 쉬울 것이다.

이제 아주 천천히 팔을 계속해서 아래로 낮춘다. 팔을 아래로 끝까지 낮추는데 거의 10분을 소요한다. 아주 천천히 두 팔을 내리도록 한다. 이러한 자세로서 생성된 감각들을 확산시키면서 두 팔을 옆에 대고 2~3분 동안 조용히 서 있는다. 온 몸으로 느낌이 퍼질 때까지 이러한 감각들을 계속해서 확산시키면서 10분 동안 등을 바닥에 대고 누워 있는다.

이 동작은 심장 중심부의 균형을 유지시키며 신체적 정신적 에너지의 순환을 증가시켜 준다. 그리고 힘과 집중력을 길러준다. 또한 이 동작은 심리적 신체적 장애물들을 변형시키고 단일화하는데 있어서 하나의 도구가 될 수도 있다.

이 동작을 실천할 때는 신체의 약한 부분이나 긴장된 부분 그리고 포기하고 싶을 때를 인식한다. 또한 집중할 때는 몸에 힘을 빼서 집중을 한다. 만약에 실천 도중 두려움이나 고통을 느낀다면 이 느낌을 심장 중심부에 가져오도록 한다. 심장 중심부에 집중과 몰입하므로써 느낌에 접촉하도록 하는 것이다.

우리의 슬픔, 아픔, 고통과 같은 감정은 마음 속에서 기억될 것이다. 감각과 마음이 하나가 되도록 하면서 그 느낌을 가능한 많이 팽창시킨다. 그러한 느낌들을 통찰하여 자신만의 순수한 체험 속으로 인식될 때까지 느낌을 가지고 머물러 있도록 한다.

어떤 에너지의 순간 그 기억의 에너지는 다음에 그 현재 속으로 들어가고 감정의 양상을 녹이고 더 이상 존재하지 않는다. 그 다음에 자신이 더 이상 멈추지 않는다는 것을 의미하는 감정적인 특성이 관찰될 수 있고 신체의 모든 세포에서 느껴질 수 있는 '나는 여기에 있다' 는 것에 의해 둘러싸여 있는 고통을 넘어선다.

당신은 통합된 어떤 감각들을 기꺼이 느낌으로 일으키고 확산시키려는 것을 느끼도록 한다. 그러면 주저하지 않고 곧바로 체험과 포옹할 수 있는 것이다. 좀 더 체험을 하면 일상 생활 속에서 고통과 두려움 그리고 긴장과 직접적으로 맞설 수 있게 된다.

이 동작에 익숙해지면 좀더 오랜 기간 동안 실천하며 시간을 25분까지 늘려 유지하도록 시도한다. 이 동작은 서서하는 것과 누워서 하는 두 가지의 자세가 있으며 팔꿈치를 구부려 자세를 유지하는 동안은 쉬도록 한다.

실천의 삼위일체(호흡, 에너지, 자각)

두 발은 약간 벌리고 등은 곧게 펴고 선다. 그리고 두 팔은 긴장을 풀고 몸의 양쪽에 놓는다. 두 팔을 자신의 앞쪽으로 손바닥과 함께 뻗는다. 이때 손가락은 곧게 앞쪽을 가리키게 된다.

두 팔은 앞으로 허리를 숙여 뻗으며 골반은 뒤로 밀어준다. 이때 머리는 두 팔 사이에 두는데 몸통과 머리와 팔이 땅바닥과 평행을 이루도록 한다. 또한 이 동작을 하는 동안 등은 항상 수평을 유지하고 있어야 한다.

이 자세에서 두 팔을 좀 더 앞으로 쭉 뻗는다. 그리고 골반을 뒤로 쭉 뻗으며 무릎은 쭉 편다. 이때 호흡은 멈추지 않는다.(코와 입 양쪽을 통하여서 될 수 있는 대로 고르게 호흡한다)

손가락은 깍지를 껴서 더 곧게 뻗는다. 그러면 몸이 약간 더 낮추어질 것이다. 좀 더 쭉 뻗는다. 아마도 에너지를 발견할 때까지 당신의 몸은 흔들릴 것이다. 그 상태(팔을 곧게 펴고 있는 상태)를 15~30초 동안 유지한다.

이제 팔과 등 머리에 긴장이 풀리지 않은 상태로 양손을 천천히 옆으로 벌린다. 그리고 같은 높이를 유지하면서 팔을 뒤로 돌려 두 팔이 자신의 뒤에서 곧게 뻗치게 한다. 팔이 몸과 가까워질 때까지 손바닥을 아래로 하여 호를 그려 움직인다.

이 자세에서 목을 앞으로 뻗는다. 그리고 골반은 뒤로 뻗어서 에너지를 느끼도록 한다. 코와 입으로 호흡을 고르게 하면서 가능한 오랫동안 가만히 있도록 한다.

그 다음에는 아주 천천히 긴장을 풀어준다. 그리고 몸무게를 다리에 옮기면서 일어서도록 한다. 3~5분 동안 조용히 서 있는다. 이러한 동작은 두 번 반복하며 반복 후에는 휴식한다.

동작의 마무리는 조용히 앉아 감각의 느낌이 우주를 향하여 퍼져 나가는 것을 상상한다. 오직 그 확장되는 느낌에만 몰입한 채 감각들을 넓히면서 15분 동안 가만히 앉아 있도록 한다. 당신은 척추를 따라 감각이 열리는 것을 느낄 것이며 또한 가슴과 두 손, 목과 머리의 감각이 열릴 것이다.

이 동작은 내부 에너지를 자극시키며 재생시킨다. 그리고 힘과 집중력을 길러준다.

동작73   내부 에너지의 팽창

등을 대고 누워서 두 다리를 편안하게 벌리고 두 팔은 몸 옆에 편안히 놓는다. 두 무릎을 구부린다. 동시에 무릎을 가슴 가까이에 가져온다. 그리고 발가락들이 머리를 향하도록 발목을 젖힌다.(동작을 하는 동안 지금의 발의 모양은 변하지 않는다)

두 팔은 손바닥을 위로 향하게 하고서 손바닥이 어깨 높이까지 완전히 뻗을 때까지 바닥을 따라 위로 미끄러뜨린다. 이 자세에서 허벅지는 몸통을 향하여 강하게 당긴다.

동작은 허벅지로 조절되며 허벅지를 강하게 당기면서 허벅지 위의 근육을 감지할 것이다. 어깨, 목 그리고 두 팔의 긴장을 푼다. 그리고 코와 입을 통하여 부드럽게 호흡한다.

이제 왼쪽 허벅지만을 몸에 가까이 대고 발목을 굽힌 채로 오른쪽 다리를 천장을 향해 천천히 뻗는다. 왼쪽 허벅지의 수축과 오른쪽 다리가 늘어남을 느낀다.

그 다음에는 반대로 오른쪽 무릎을 천천히 굽혀서 몸에 가능한 가까이 오른쪽 허벅지를 당긴다. 그리고 동시에 왼쪽 다리를 천장을 향해 뻗는다. 상체는 가만히 유지하면서 가능한 배의 긴장을 풀어준다.

호흡과 의식이 감각들을 팽창시켜서 동작을 하는 동안 온 몸이 하나가 되도록 한다. 이제 천천히 다리를 낮추어서 긴장을 푼다. 그리고 동시에 두 다리를 쭉 뻗는다.

이 동작에 의해 자극된 감각들을 확산시키면서 5~10분 동안 누워서 쉰다. 이러한 동작은 세 번을 반복한다.

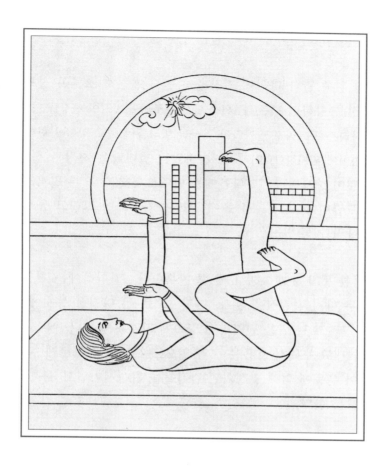

앞의 동작이 친숙해지면 다음의 변형 동작을 실천하여 보자.

다리를 편안한 거리로 벌리고 등을 대고 눕는다. 그림과 같이 손바닥과 천장이 마주보도록 팔꿈치를 굽힌다. 양 무릎을 굽힘과 동시에 가슴 가까이 가져온다.

발가락이 머리쪽을 향하도록 발목을 위로 젖힌다. 이때, 손의 느낌은 마치 무거운 무언가를 받치고 있으며 다리와 마찬가지로 손에도 긴장을 준다고 상상한다.

이제 왼쪽 팔과 다리에 긴장을 하면서 천천히 오른쪽 팔과 다리를 천장을 향하여 뻗는다.(왼쪽 팔은 구부려 손바닥이 천장을 향하고 있으며 다리는 구부려져 발가락이 자신의 머리를 향하고 있어야 한다. 모두 몸 가까이에 위치한다) 이때 두 손바닥과 발바닥은 천장과 평행하게 하는 것이 중요하다. 그 다음에는 반대로 천천히 오른 팔과 다리를 아래로 굽힌다. 그것들을 몸에 가까이 가져오며 그리고 동시에 왼 팔과 다리를 뻗어준다.

완전한 동작을 계속해서 세 번 반복한다. 그 다음에는 천천히 두 팔과 두 다리의 긴장을 푼다. 마지막으로 두 다리를 동시에 쭉 뻗는다. 그리고 두 팔은 편안하게 양쪽에 가져다 놓는다.

등을 대고 누워서 호흡은 코와 입으로 부드럽고 고르게 한다. 그리고 이 운동에 의해 활성화된 감각들을 확산시키면서 5~10분 동안 쉬도록 한다.

현재의 몸에 접촉

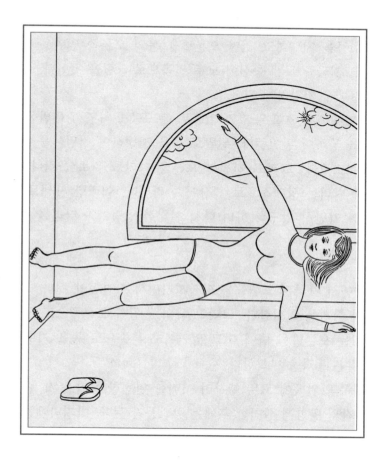

여유 공간이 넓은 곳에서 매끄러운 벽을 찾는다. 왼쪽 팔을 머리 위에 놓고서 손바닥은 아래로 하여 왼쪽으로 눕는다. 머리는 팔 위에 놓고서 다리는 쭉 뻗는다.

앞의 그림과 같이 왼발을 바닥에 놓으면서 두발을 벽에다 15cm 정도 벌려서 편편하게 놓는다. 오른 손바닥을 가슴 가까이의 바닥에 놓으면서 자신의 몸을 받쳐 지탱한다. 왼팔의 팔꿈치가 직각을 이룰 때까지 팔꿈치를 구부려 머리와 윗몸을 들어올린다.

이제 몸을 지탱하고 있던 오른팔을 몸의 오른쪽 옆면을 따라서 놓는다. 지금쯤 무게 중심이 모두 왼쪽으로 쏠렸을 것이다. 이로써 왼팔은 매우 긴장하게 된다.

이 자세에서 호흡은 코와 입으로 부드럽게 하면서 왼발을 아래의 벽을 향하여 밀어준다. 왼발로 몸을 지탱하며 엉덩이를 바닥에서 떨어뜨린다. 그리고 천천히 오른쪽 다리를 위로 올린다. 이때 오른쪽 다리는 상대적으로 긴장이 풀려진다. 이러한 자세로 2~3초 동안 가만히 있도록 하며 다시 천천히 엉덩이와 다리를 바닥에 내려놓는다.

신체에서 자극된 느낌들을 확산시키면서 잠깐동안 쉰다. 그리고 호흡의 특성을 인식한다. 그리고 나서 천천히 오른쪽으로 구른다. 이번에는 오른발을 벽에 대고 밀면서 오른손으로 몸을 지탱한 채 위와 같은 동작을 반복한다.

오른쪽과 왼쪽에 모두 행하며 이러한 완전한 동작을 세 번 행한다. 각각의 방향에 실천한 후에는 잠깐동안 쉰다. 마지막에는 등을 대고 누워서 이 동작으로 깨어난 감각들을 계속해서 팽창시키면서 5~10분 동안 쉰다.

이 실기의 변형 동작은 엉덩이와 다리를 올릴 때 팔 한쪽을 천장

을 향해 올리는 것이다.(한쪽은 직각으로 몸을 받치게 되며 다른 한쪽은
천장을 향한다)

　이 동작은 내부의 억눌림과 냉기를 경감시켜주고 몸에 가벼움을
창조시켜 준다.

에너지의 전체성

　그림과 같이 복부를 바닥에 대고 엎드려 두 다리는 편안한 간격
으로 벌린다. 그리고 뺨을 바닥에 대고 한쪽으로 고개를 돌린다.
발가락으로 의지하여 몸을 세우며 손바닥은 가슴 가까이의 바닥

위에 편편하게 놓는다. 이때 팔꿈치는 위로 올린다.

가슴을 바닥에 댄 상태에서 너무 무리하지 않게 골반을 가능한 높이 들어올린다. 발가락을 세워 골반쪽으로 약간 이동시키면 좀 더 높이 올리는데 도움이 될 것이다.

이때 목에 너무 많은 압력이 가하지 않도록 주의한다. 호흡은 코와 입을 통하여 고르고 부드럽게 하면서 이 자세를 15~30초 동안 유지한다. 그 다음에는 천천히 골반을 바닥으로 낮춘다. 발의 긴장을 풀고 머리를 반대쪽으로 돌린다. 두 팔은 몸 옆에 항상 붙이고 있는다.

이 동작으로 자극된 감각들을 확산시키면서 잠시동안 쉰다. 이러한 동작은 세 번 행한다.

동작이 모두 끝나면 등을 대고 바닥에 눕는다. 그리고 두 무릎을 가슴 가까이 당겨 팔로 무릎을 감싼다. 이 자세로 몸의 감각들을 계속해서 팽창시키면서 5~10분 동안 조용히 누워 있는다.

이 실기의 좀 더 어려운 변형 동작은 바닥에 이마를 대고 실시하는 것이다.

몸과 마음에 에너지 주기

등을 바닥에 대고 눕는다. 두 팔을 어깨 높이로 벌린 다음 손바닥은 위로 한다. 두 발은 서로 붙이고 발바닥을 바닥에 대기 위하여 무릎을 약간 구부린다. 그리고 무릎을 가능한 넓게 벌린다.

발 안쪽은 약간 공간이 생기게 들려질지라도 발바닥은 거의 바닥에 붙인 상태로 있는다.

지금부터 골반을 가능한 높이 들어서 몸무게가 어깨와 발에 실리도록 한다. 이 자세를 1~3분 동안 유지한다. 지금쯤 두 다리와 골반이 약간 흔들릴 것이다. 이때 호흡은 코와 입으로 편안하게 한다. 호흡의 작은 변화라도 인식한다.

이제 천천히 골반을 바닥에 내려놓고 동시에 두 다리는 쭉 뻗는다. 그리고 두 팔은 몸 옆으로 가져온다.

이 동작에 의해 자극된 느낌들을 팽창시키면서 2~3분 동안 조용히 쉰다. 어깨뼈 사이가 뜨거워지고 어깨 아래쪽의 에너지 중심부가 맑아지거나 열리는 감각을 느낄 것이다. 이러한 동작을 세 번 행하며 매 반복마다 잠시 쉰다.

마지막에는 두 손을 무릎에 얹어 무릎을 가슴 쪽으로 당긴다. 이 자세를 5~10분 동안 유지한다.

이 실기의 변형 동작은 골반 대신에 가슴을 들어올리는 것이다. 편안히 등을 대고 누워서 두 팔을 몸 옆으로 내리고 긴장을 풀어준다. 그리고 두 발을 붙이고 무릎을 약간 굽힌다. 두 발은 가능한 바닥에 편편하게 댄 상태에서 무릎을 넓게 벌린다.

손바닥을 위로하여 두 팔을 양쪽으로 어깨 높이 만큼 벌린다. 팔꿈치로 도움을 받으면서 가슴을 위로 올리는 동안에 정수리가 바닥에 닿을 수 있도록 머리를 뒤로 젖힌다. 이 자세로 1~3분 동안

정지 상태로 있는다.

호흡은 코와 입으로 부드럽고 고르게 내쉰다. 그런 다음에는 아주 천천히 두 팔을 몸 옆으로 가져와서 몸무게를 팔꿈치로 지탱한다.

이제 목은 곧게 펴고 등을 낮추어 몸을 바닥에 댄다. 그리고 두 다리는 동시에 곧게 뻗는다.

이 동작으로 자극된 감각들을 확산시키면서 2~3분 정도 쉰다. 당신은 가슴이 열리는 것을 느낄 것이다. 이러한 동작은 세 번 행하며 매 반복마다 쉰다.

동작이 모두 끝나면 5~10분 동안 몸의 느낌들을 확장시키며 조용히 누워 있는다.

순환 에너지

이 동작은 다소 섬세하며 미세한 몸의 균형을 요구한다. 당신은
이 실기가 지금은 어렵겠지만 언젠가는 더욱 쉽게 행해지는 것을
직접 경험하게 될 것이다.

복부를 바닥에 대고 엎드린다. 두 다리는 약간 벌리고 두 팔은 몸의 양쪽에 놓으며 머리는 한쪽으로 돌린다. 두 발을 약간 들어서 발가락을 세운다. 이 자세에서 부드럽게 두 무릎과 허벅지 그리고 복부의 아랫부분(배꼽 아래로 8~10cm 정도 되는 곳)을 바닥에서부터 3cm 이상 들어올린다.

이때 주의할 점은 상체는 바닥에 계속 대고 있어야 한다. 지금쯤 엉덩이와 천골(척추 아래 끝 부분에 있는 이등변 삼각형의 뼈)에 약간 긴장이 되었을 것이다. 그러나 가슴 어깨 그리고 목은 긴장이 풀릴 것이다. 또한 호흡도 편안하고 쉬워지면서 다리 뒷부분의 긴장도 풀어질 것이다.

배를 약간 조인다. 이때 호흡을 약간 등 쪽으로 하여 천골 앞에서 직접 멈춘다. 이러한 동작은 에너지의 생성에 도움을 줄 것이다. 척추의 아랫부분에 잠시 집중한다. 만약 그곳에서 어떠한 감각을 느낀다면 아마도 온기 혹은 상쾌한 종류의 치료 에너지일 것이다. 지금 천골 주변에는 약간 긴장이 되어 있다.

무릎을 쭉 뻗은 상태를 유지한다. 이때 너무 세게 조이지 않는다. 왜냐하면 가슴으로 호흡하기가 어려워지게 되어 호흡이 빨라지고 무거워지기 때문이다. 그리고 에너지는 흐려지고 줄어들 것이다. 너무 세게도 너무 느슨하지도 않게 균형을 유지하는 것이 중요하다.

이제 어떤 확실한 느낌들이 신체 내부에서 생성될 것이다. 가슴과 목의 긴장은 풀리며 배꼽 아랫부분(앞과 뒤 모두)은 약간 긴장하게 된다. 그리고 호흡은 가벼워질 것이다.

그 감각들은 천천히 내부의 길을 따라서 척추의 아래에서부터 배를 통과하여 가슴에서 목구멍으로 흘러 머리로 올라간다. 그런 다음 이 치료 에너지는 다시 머리에서부터 아래로 순환하여 척추의 신경 속을 지나서 척추 아래쪽의 에너지 중심부로 들어간다. 그리고 다시 수레바퀴가 돌듯이 머리로 올라가며 순환하게 된다.

일단 이 순환로를 따라 에너지가 흐르는 것을 느낀다면 그러한 느낌을 3~5분 동안 유지한다. 그리고 전과 똑같은 리듬으로 부드럽게 호흡을 계속하면서 바닥에 누워 3~5분 동안 휴식한다.

만약 머리의 방향을 바꾸고 싶다면 다른쪽으로 돌려도 좋다. 발가락은 세우고 복부가 약간 들린 자세로 5~15분 동안 에너지를 계속해서 순환시킨다.

만약 당신이 이 에너지와 접촉할 수 없다면 양 무릎을 약간 떨어뜨린다. 이렇게 하면 첫 번째와 두 번째의 에너지 중심부가 더욱 긴장될 것이다. 그리고 천골의 뒤쪽으로 이동하는 에너지를 더 많이 생성될 것이다.

에너지가 척추의 아랫부분에 접촉하는 순간 가슴을 조이지 않도록 주의한다. 또한 가슴은 느슨하게 하여 흔들림이 없어야 한다. 만약 이 에너지를 신체적으로 경험하지 못한다면 지금까지의 과정을 상상하도록 한다. 당신은 곧 아주 기쁘고 상쾌한 느낌을 갖게 된다.

바닥에서부터 하체를 들어올리기가 힘들더라도 절대 긴장하여 조이지 않는다. 그러나 숨은 천골 가까이의 척추 뒤에서 아주 약하게 유지하면서 섬세하게 내쉰다. 마치 하체가 자석에 의해 위로 잡아 당겨진다고 상상한다. 호흡을 너무 무겁게 하면 척추에 흐르는 에너지를 느낄 수 없을 것이다.

가능한 위를 느슨하게 한다. 복부의 너무 심한 긴장은 동작을 행하는데 방해적인 요소이다.

다리를 바닥에서 약간 떨어뜨려 5~15분 동안 움직이지 않는 것은 매우 어려운 자세이다. 이때 계속해서 바닥에서 떨어뜨리기가 어렵다면 다리와 아래쪽의 에너지 중심부를 2~3초 정도 들어준다. 이 자세에서 등의 아래쪽은 가능한 늦춘다.

그리고 무릎을 드는 것이 어렵다면 다리를 늘리며 뻗어준다. 그러면 무릎은 바닥에서 떨어질 것이다. 여전히 이러한 자세가 힘이 든다면 무릎을 바닥에 대도록 한다. 이때 아래의 에너지 중심이 바닥을 무겁게 내리누르지 않도록 유의한다.

위와 같은 자세를 계속해서 유지하기 힘들다면 즉시 복부를 바닥에 대고서 긴장을 풀어준다. 에너지가 척추의 뒷부분 아래에서 발생하여 복부 아랫부분을 향해 이동하여 가슴 쪽으로 이동하는 것을 부드럽게 느끼도록 한다.

에너지의 흐름이 가슴과 목구멍의 긴장을 풀어주는 것을 느낀다. 에너지가 위로 올라가서 머리 내부로 흘러 다시 두개골의 아래로 내려와서 척추를 따라 내려가는 것을 느낀다. 따뜻한 에너지가 천천히 에너지의 순환로를 따라 척추 전체를 통과하여 아래로 내려온다.

이제 천천히 바닥에 몸 전체를 바닥에 닿게 한다. 그리고 내부의 느낌과 에너지의 움직임을 체험하면서 가능한 오랫동안 복부를 바닥에 대고 휴식한다. 쉬고 난 후에는 몸을 옆으로 하여 눕는다. 그리고 무릎을 구부려 가슴을 향하여 위로 끌어 당겨준다. 그리고 한 손을 바닥에 대고 자신을 지탱하면서 앉는 자세로 아주 천천히 일어선다.

이 동작은 시간에 대한 감각에 영향을 미친다. 그리고 앉고 서는 자세를 인식하면서 아주 천천히 움직이는 것이 중요하다. 일어서기 전에 머리에 있는 어떠한 긴장이라도 경감시키기 위해서 머리를 천천히 위아래 그리고 양옆으로 움직인다.

이 동작은 에너지의 방해물(성적인 방해물도 포함)을 아래쪽 에너지 중심부에서 풀어준다. 그리고 에너지를 몸 전체에 순환시킨다.

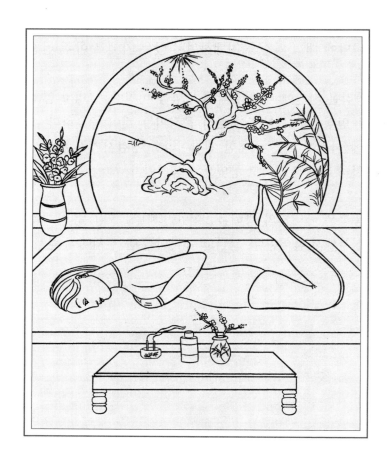

복부와 한쪽 뺨을 바닥에 대고 엎드려 얼굴을 왼쪽으로 돌린다.
두 다리는 편안한 거리로 벌린 후 발가락이 천장을 향하도록 무릎
을 굽힌다. 이때 발뒤꿈치를 엉덩이와 가깝게 한다. 그리고 손가락

들은 가슴의 중앙에서 서로 만날 수 있도록 손바닥을 가슴의 양쪽에 놓는다.

바닥에 이마를 댄 상태에서 손과 팔을 이용하여 가능한 가슴을 바닥에서 높게 들어 올렸다가 떨어뜨린다.(천천히 행하며 절대 무리하지 않는다) 호흡은 코와 입으로 고르고 부드럽게 하면서 이 자세를 30초~1분 동안 유지한다.

이제 가슴을 바닥으로 다시 내리며 천천히 긴장을 풀어준다. 그리고 머리를 오른쪽으로 돌리며 다리는 쭉 뻗는다. 팔은 몸 옆으로 편안히 내린 후 자극된 감각들을 팽창시키면서 잠시 쉰다. 가슴에 온기와 등의 아랫부분에 얼얼한 감각을 느낄 것이다.

매 반복마다 복부를 대고 엎드려서 쉬도록 한다. 이러한 동작을 세 번 행하며 마지막에는 등을 대고 바닥에 눕는다. 그리고 무릎을 굽혀서 가슴 가까이에서 팔로 무릎을 감싸쥔다.

몸 속의 느낌들을 계속 팽창시키면서 5~10분 동안 쉬도록 한다. 이때 다리를 쭉 뻗고 쉬어도 좋다.

희열을 맛봄

　복부를 바닥에 대고 엎드려 머리는 한쪽으로 돌리고 다리는 편안한 거리로 벌린다. 무릎을 구부려 발가락이 천장을 가리키도록 한다. 그리고 두 팔은 몸의 양옆에 놓는다.

이마의 가장 윗부분을 바닥에 댄다. 그리고 왼쪽 손바닥을 가슴의 왼쪽에 오른쪽 손바닥은 가슴 오른쪽에 대고 손가락들이 서로 가슴의 중앙에서 만나도록 한다.

이제 발을 머리 방향으로 올린다. 그리고 머리는 두 발쪽으로 젖혀서 척추가 아치형을 이루도록 한다. 이때 너무 강하게 하지 않으며 또한 강제적으로 하지 않는다. 오로지 자신이 할 수 있는 만큼만 젖힌다. 이러한 자세를 2~3초 정도 유지한다. 그런 다음에 머리와 다리를 천천히 내리면서 머리를 다른쪽으로 돌린다.

두 다리는 쭉 뻗으면서 발의 긴장을 풀어준다. 팔은 양옆으로 가져온다. 매 반복마다 동작으로 자극된 느낌들이 온 몸으로 퍼지도록 2~3분 정도 쉰다. 이러한 동작을 세 번 행한다.

동작이 모두 끝나면 등을 바닥에 대고 눕는다. 그리고 무릎을 굽혀서 가슴으로 가져오며 두 팔로 무릎을 감싸쥔다. 신체 내부와 주위의 감각들을 계속 확산시키면서 5~10분 동안 조용히 누워 있는다. 이때 두 다리를 쭉 뻗고 쉬어도 좋다.

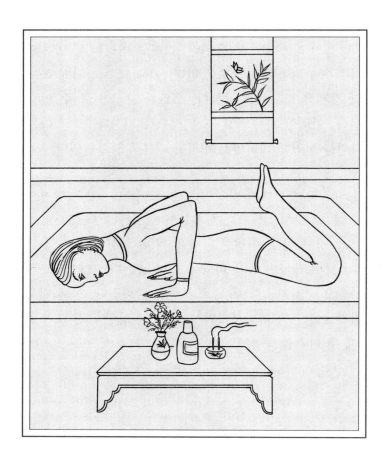

이 동작은 카페트 위에서 행한다. 그리고 머리 밑에 작은 베개를 받친다. 이마의 가장 윗부분을 베개 위에 놓으며 복부를 대고 엎드린다. 두 손바닥은 가슴 양쪽 가까이에 놓는다.

이때 손바닥으로 바닥을 짚고 팔꿈치는 위를 향하게 한다.(손가락은 앞쪽을 가리키게 된다)

두 다리는 골반 넓이만큼 벌리고 무릎을 굽혀서 발가락들이 천장을 가리키도록 한다. 이 자세에서 손바닥을 짚고 가슴은 가능한 바닥에서 높이 올린다. 몸무게를 두 무릎과 이마와 두 손에 싣는다. 이마는 계속 바닥에 둔다는 것을 명심한다.

가능한 고르고 부드럽게 코와 입으로 호흡하면서 2~3초 동안 그대로 있는다. 만약에 몸이 흔들리기 시작하면 호흡으로서 긴장을 풀어준다. 그리고 나서 천천히 몸을 낮추어서 가슴을 바닥에 편안하게 댄다.

이제 머리를 한쪽으로 돌리고 두 다리는 쭉 뻗는다. 두 발의 긴장은 풀어주고 두 팔은 몸의 양옆으로 내리고 이 동작에 의해 생성된 감각들을 확산시키면서 2~3분 정도 쉰다.

매 반복마다 2~3분 동안 복부를 대고 쉬며 마지막 휴식은 5~10분 동안 쉰다. 이러한 동작은 세 번 행한다.

이 동작은 격렬하고 강한 에너지로서 우리의 몸을 확실히 이끌어 줄 것이다. 온기와 팽창의 감각, 특히 복부의 감각들을 느끼며 몸 전체로 확산시킨다.

동작81 몸과 마음의 전체성

　이 동작은 카페트 위에서 맨발로 한다. 그림과 같이 복부를 대고 엎드린 후 손바닥으로 바닥을 짚고서 어깨를 수평으로 벌린다. 그리고 머리에는 작은 베개를 받친다.

이마의 가장 윗부분을 베개 위에 놓는다. 두 다리는 편안한 거리로 벌린 후 두 발을 약간 들어서 발가락을 세운다. 그리고 팔꿈치를 굽혀 직각이 될 때까지 손은 바닥을 따라 몸 가까이 끌어준다.

이제 손바닥을 바닥에 댄 채, 이마를 누르며 몸통과 두 다리는 바닥에서 떨어뜨린다.(몸무게를 이마에 싣는다) 그리고 나서 재빨리 발을 머리 쪽을 향해 앞으로 옮긴다. 그리고 정수리가 베개 위에 있도록 머리를 약간 굴린다. 코와 입으로 고르게 숨을 쉬면서 30초~2분 동안 이 자세를 유지한다.
그런 다음에는 발을 뒤쪽으로 옮기면서 몸을 낮춘다.(바닥에 몸을 댈 수 있을 때까지 처음에는 한쪽 발을 그 다음에는 다른쪽 발을 계속해서 뒤쪽으로 옮긴다)

이제 바닥에 복부를 대고 엎드린 상태에서 머리를 한쪽으로 돌리고 두 팔은 몸의 양옆에 놓으며 동작에 의해 생성된 감각들을 팽창시키면서 2~3분 정도 쉰다.
매 반복마다 잠시 쉬면서 동작을 세 번 반복한다. 마지막 휴식은 1분 동안 복부를 대고 쉰다. 그리고 나서 등을 바닥에 대고 누워서 5~10분 동안 느낌들을 계속해서 신체 내부와 주위에 퍼지도록 한다.

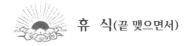 **휴 식**(끝 맺으면서)

모든 것을 행하되 감사의 동작과 춤으로서
아름다운 의식처럼 행하라.

그동안 쿰니의 실천을 통하여 당신의 삶은 거대하게 확장되었을 것이다. 또한 휴식을 통하여 사회 활동을 하는데 많은 도움을 받았을 것이다. 이러한 쿰니는 대자연(산이나 강, 바다 등)을 느끼며 행하면 더욱 좋다.아침에 한 시간 동안 조용히 앉아 코와 입을 살짝 열어 아주 부드럽게 호흡하고 당신의 배를 살짝 멈춘다. 모든 감각은 살아있는 에너지를 몸 안으로 침투시킨다.

즉 몸 전체가 미세한 우주의 에너지(빛, 공기, 땅, 별, 물, 하늘)를 느끼게 된다. 마치 물고기가 물에서 예민하게 감지하듯이 말이다.

에너지가 당신의 내면으로 흐르도록 느낀다. 그리고 살아있는 몸의 에너지를 모아서 그 특성을 긍정적으로 표출시킨다. 당신의 느낌과 에너지의 흐름이 우주까지 흐르도록 동작을 행하고 계속해서 상호관계를 가지며 에너지를 순환시킨다.

이러한 즐거운 치료과정을 계속되면 하루에 두 번 25분 동안(한 번에 40분 이상은 하지 않는다) 행한다. 수면 전에 한 시간 정도 마사지를 행하고 난 후 피부를 살짝 문질러주거나 오일로 몸을 마사지한다. 이때 참기름으로 마사지를 하게되면 특별한 경험을 하게 될 것이다.

언제나 실기의 진행은 한 두 가지의 동작을 실천한 후 더욱 진보된 단계를 행한다. 이때 만트라의 '옴 아 훔(OM AH HUM)'은 계속해서 행한다.

휴식을 취하는 동안 7~8시간의 적당한 수면을 하고 균형있는 식사를 한다. 음식을 가볍고 적게 먹으며 매일 65%는 채식을 한다. 또한 콩(된장)과 채소, 열매와 과일은 건강에 도움을 주며 하얀 밀가루와 설탕은 되도록 먹지 않는 것이 좋다.(만약에 음식조절을 원하면 식단과 영양에 관계된 정보를 얻도록 한다)

천천히 씹고 삼킨다. 그리고 맛을 가득 즐기면서 음식의 감촉을 느낀다. 식사 후라도 위장은 반드시 반쯤 비워 둔다.

당신의 모든 활동 중에 언제나 휴식을 취하고 몸, 마음, 감각에 항상 세심한 집중을 한다. 이러한 방법으로 당신의 모든 삶은 아름다운 의식으로 변화될 것이다.

동작과 이완법
Exercises and Massage

♣ 티벳요가 쿰니 〈상권〉 (이론과 준비과정, 이완법)
　　　　　　〈하권〉 (움직이는 동작들)

에너지 자극(1단계)

동작67 : 감각 에너지
동작68 : 혼란을 제거한다
동작69 : 명료한 마음
동작70 : 가벼운 에너지
동작71 : 긴장을 이완한다
동작72 : 감정을 구체화한다
동작73 : 옴 아 흐훔
동작74 : 건전한 생명력
동작75 : 신체의 에너지

에너지 자극(2단계)

동작76 : 뻗음과 확신의 형성
동작77 : 에너지의 흐름
동작78 : 몸 에너지의 자극
동작79 : 치료 에너지
동작80 : 풍성한 만족
동작81 : 현재의 몸에 자극
동작82 : 내부 마사지
동작83 : 자극하는 생명 에너지
동작84 : 생명력의 자극 정수
동작85 : 존재와 에너지
동작86 : 자극을 주는 건강한 느낌
동작87 : 변화하는 부정 에너지
동작88 : 자극을 주는 신체 내부 에너지
동작89 : 변형 에너지
동작90 : 활기를 주는 호흡

동작91 : 치료 에너지의 활성화
동작92 : 감각 속으로의 전송 에너지

에너지 자극(3단계)

동작93 : 감각의 재충전
동작94 : 몸 에너지의 풍요로움
동작95 : 자극 내부 에너지
동작96 : 기쁨의 전체성
동작97 : 시간과의 접촉
동작98 : 에너지의 내적인 불멸성
동작99 : 긍정적 느낌의 접촉
동작100 : 건강 에너지
동작101 : 현재 에너지의 접촉
동작102 : 기쁨의 감촉
동작103 : 생명력
동작104 : 성스러운 에너지
동작105 : 가슴의 황금실
동작106 : 실천의 삼위일체
              (호흡, 에너지, 자각)
동작107 : 내부 에너지의 팽창
동작108 : 현재의 몸에 접촉
동작109 : 에너지의 전체성
동작110 : 몸과 마음에 에너지 주기
동작111 : 순환 에너지
동작112 : 에너지 균형의 자극
동작113 : 희열을 맛봄
동작114 : 팽창하는 에너지의 유용성
동작115 : 몸과 마음의 전체성

❖ 21세기 자연 건강 시리즈 ❖

1. 감각깨우기
루시리델 저/박지명 옮김

인간의 감각은 무한하다. 이 책은 잠자고 있는 자신의 감각 능력을 일깨우기 위한 동서고금의 모든 기법들을 소개한다.

· 4x6 변형판/값 8,000원

2. 건강마사지
루시리델 저/박지명 옮김

마사지, 지압, 반사요법에 대한 기초적 설명과 더불어 누구나 쉽게 마사지 실기에 접할 수 있도록 사진과 도해의 상세한 해설로 편집되었다.

· 4x6 변형판/값 12,000원

3. 스트레스 풀기
알릭스키르스타 저/박지명 옮김

스트레스의 원인과 증상은 물론 효과적으로 자기 몸을 이완시키고, 스트레스를 푸는 방법이 일목요연하게 제시되었다.

· 4x6 변형판/값 12,000원

4. 요가
스와미 시바난다 요가센타 저
/박지명 옮김

요가의 고전적 안내서로 요가체조 · 호흡법 · 명상 · 식이요법등에 대해 체계적으로 서술하였다.

· 4x6 변형판/값 12,000원

5. 자연요법백과
앤드류 스텐웨이 저/박지명 옮김

질병을 미리 예방하고 자기치료 능력을 높일 수 있는 동종요법 · 약초요법 · 방향요법 · 최면 및 심령 치료법 등 여러 가지 자연치료법을 다루고 있다.

· 4x6 변형판/값 13,000원

6. 에너지 황홀경
버나드쿤데르 저/박지명 옮김

인간의 몸에 존재하는 일곱 개의 차크라에 대한 이해를 돕고, 보다 용이하게 기(氣)를 운행할 수 있는 방법을 제시한다.

· 4x6 변형판/값 8,000원

10. 성도인술(남성편)
만탁 치아 저
권성희 옮김

이 책에서는 사정을 억제하여 남성의 성 에너지를 '생명 에너지'로 환원시키는 비법과 아울러 성 에너지의 배양법이 소개된다.

· 신국판 | 값 10,000원

11. 행운의 보석건강요법
마한비르툴리 저
박지명 이승숙 옮김

보석을 올바르게 사용하면 돈, 명예, 건강, 행복이 저절로 따라오게 된다. 이 책은 보석의 올바른 사용법과 신체에 미치는 영향을 소개한다.

· 신국판 | 값 6,500원

12. 눈이 점점 좋아지는 책
M.R 버렛 저
이의영 옮김

미국, 일본 등지에서 화제가 되고 있는 최신의 시력회복 테크닉으로 근시에서 녹내장에 이르기까지 완벽하게 치료하는 기적의 새로운 Eye Training법을 그림과 함께 소개한다.

· 신국판 | 값 6,000원

13. 기공강좌
박인현 지음

음양학설을 중심으로 기공의 기초이론 · 기초수련법 · 양생장수술을 직접 체험하여경락학설 · 음양학설 · 오행학설 · 주역 · 고립파학설 · 간단한 치료법 · 현대과학으로써의 기공 등을 소개한다.

· 신국판 | 값 8,000원

14. 차크라
하리쉬요하리 저
이의영 옮김

탄트라 요가의 지침서, 컬러화보는 탄트라 경전의 모사본으로 수행자가 명상시 절대적으로 필요한 자료이다. 청각과 시각을 함께 이용한 탄트라는 평온한 상태에서 심신 단련을 할 수 있다.

· 신국판 | 값 8,000원

15. 젊음을 되찾는 기적의 건강법
박지명 편저

이 책은 티벳과 인도에 고대로부터 전해 내려오는 젊음의 샘의 비밀 행법체조로 5가지 체조법만으로 근육 · 뼈 · 신경 · 내장 기관 및 내분비선 등에 놀라운 효과를 단시일에 볼 수 있게 된다.

· 신국판 | 값 6,000원

16. 성도인술(여성편)
만탁 치아 저
권성희 옮김

낭비되고 있는 여성의 성에너지(난자)를 '생명 에너지'로 전환기키는 고도의 테크닉이 소개된다. 즉 소주천 수련을 통한 성에너지 배양과 축적이 이 책의 핵심이며 요체이다.

· 신국판 | 값 10,000원

17. 실내 트레이닝
코모리 요시사다 저
정명희 옮김

자투리 시간을 활용하여 직장에서는 물론 TV를 보면서도 가능한 트레이닝 기법으로 전 코스를 무리하게 할 필요없이 두세 가지만 골라서 끈기있게 실행하면 좋은 효과를 얻을 수 있다.

· 신국판 | 값 7,000원

18. 죽을 병이 아니면 다 고친다
김창무 편저

필자는 이십여 년에 걸친 간병 경험을 통하여 임상적으로 연구, 터득한 각종 요법을 실생활에 적용토록 상술하였으며, 64가지 식품의 민간요법과 처방비법을 소개, 자가치료를 시도하는 이들에게 좋은 안내서가 될 것이다.

· 신국판 | 값 6,500원

28. 고급편 80동작
참선요가
정경 스님 지음

고급편 80동작 참선요가는 어느정도 수련을 거친 중급자 이상의 수련자들을 배려한 참선요가의 완결편, 참선요가의 본질적인 목적이 한층 더 심도있게 다루어지고 있다.

· 신국판 | 값 9,000원

29. 한방으로 풀어본
성인병과 노인병
그리고 양생법
김양식 지음

인체가 노쇠해지면서 생겨나는 각종 성인병 · 노인병에 대한 임상 소견과 처방법, 예방법을 집중적으로 다루고 있다. 독자들은 책을 읽는 것이 아니라 진료를 받는 효과를 느낄 수 있을 것이다.

· 신국판 | 값 10,000원

30. 기공마사지
만탁 치아 저
김경진 옮김

기공 연구의 세계적인 권위자 만탁 치아의 비전 도교기공 해설서 · 소주천 명상법 · 치유육성 · 신체 각 부위의 마사지 기법 · 비전의 양생법 등이 누구라도 쉽게 터득할 수 있게 풀이되어 있다.

· 신국판 | 값 8,000원

31. 기적의 두뇌혁명
미하엘 함 저
진일상 옮김

암의 다각적 치료법인 솔라리엄 요법으로 화제가 되고 있는 암치료의 권위자 아타미 진로 박사의 암치료의 획기적인 제안서로서 킬러 세포가 암을 자연 치유시키는 치료과정을 소개하고 있다.

· 신국판 | 값 9,000원

32. 맘을 치료하는 킬러세포의 신비
기적의 암 치료혁명
이타미 진로 저
홍성빈 옮김

탄트라 요가의 지침서, 컬러화보는 탄트라 경전의 모사본으로 수행자가 명상시 절대적으로 필요한 자료이다. 청각과 시각을 함께 이용한 탄트라는 평온한 상태에서 심신 단련을 할 수 있다.

· 신국판 | 값 8,000원

33. 남산스님의 민간피부미용법
잔주름 확 펴고
군살 쪽 빼고
남산 스님 지음

자신감 있는 내면의 아름다움과 외적인 아름다움 그리고 몸의 균형과 아름다움을 원하는 모든 이들에게 손쉽고 가장 효과적인 민간피부미용법을 소개한다.

· 신국판 | 값 8,000원

34. 남산스님의
수족온욕법
남산 스님 지음

남산스님이 15년간 연구, 수족온욕법의 효과를 100%증대시켜주는 핵심 파스요법 및 테이핑요법 145가지, 각종 질병에 알맞는 수족온욕법의 시간과 물온도를 상세하게 수록하였다.

· 신국판 | 값 10,000원

35. 현대의학과 함께 하는 기치료법
숨을 잘쉬어야
기가 산다
내과 전문의 조왕기 지음

병을 포함하여 나를 억누르는 모든 감정으로부터 원래의 편안한 상태로 돌아가기 위한 마음으로 기공을 수련하면 마음을 비울 수 있게 되므로 기와 흐흡으로 내면을 다스리고 합리적인 현대의학으로 병소를 제거한다.

· 신국판 | 값 8,500원

36. 알기쉬운 동양전통
가정응급 요법서
100특효혈
자극요법
김동옥 지음

동양전통침구학의 기본 경락경혈인 365혈 중에서 침술상 가장 주요한 주치혈(主治穴)중 일침신혈(一針神穴)이라 불리는 100명혈(名穴)또는 특효혈(特效穴)을 엄밀히 검토 선별하여, 이에 관한 치료점을 가정요법이라는 전제하에 병을 시술할 수 있도록 그림으로써 보여 주어 누구나 알기 쉽도록 엮었다.

· 신국판 | 값 12,000원

KUM NYE RELAXATION

"몸과 마음을 평온하고 조화롭게 하는 『쿰니』는
자신의 감각과 가슴을 열어 충만한 삶의 만족감으로
인생을 더욱 풍요롭게 가꾸어 준다."

NT요가연구소
NYINGMA KOREA CENTER

회원가입 : 전화 및 e-mail상담
TEL : 02-447-5211 / FAX : 02-447-5216
e-mail : ntyoga@yahoo.co.kr
homepage : www.ntnews.net

NT Natural Therapy   나 하나의 정화가 세상을 바꾸어 나갑니다.

티벳요가 쿰니. 이 두권의 책은
단순한 몇 가지의 동작으로 느낌이 확장되는
경험을 통해 우리 몸이 통합되는
가장 독특한 수행법이다.

· ·

티벳요가 쿰니 〈상권〉에서는 이론과 이완법
그리고 기본적인 동작의 실기를 소개하였다.
하권〈움직이는 동작들〉에서는 더욱 진보된
동작의 실기를 단계별로 구성하였다.

티벳요가 쿰니(상)
신국판 | 값 10,000원

티벳요가 쿰니 · 하

지은이/타르탕툴구
옮긴이/박지명
펴낸이/배기순
펴낸곳/하남출판사

초판1쇄/2003년 2월 15일

등록번호/제10-0221호

서울시 종로구 관훈동 198-16 남도BD 302호
전화 (02)720-3211(代)/팩스 (02)720-0312
홈페이지 http://www.hnp.co.kr
e-mail : hanamp@chollian.net

ISBN 89-7534-168-2